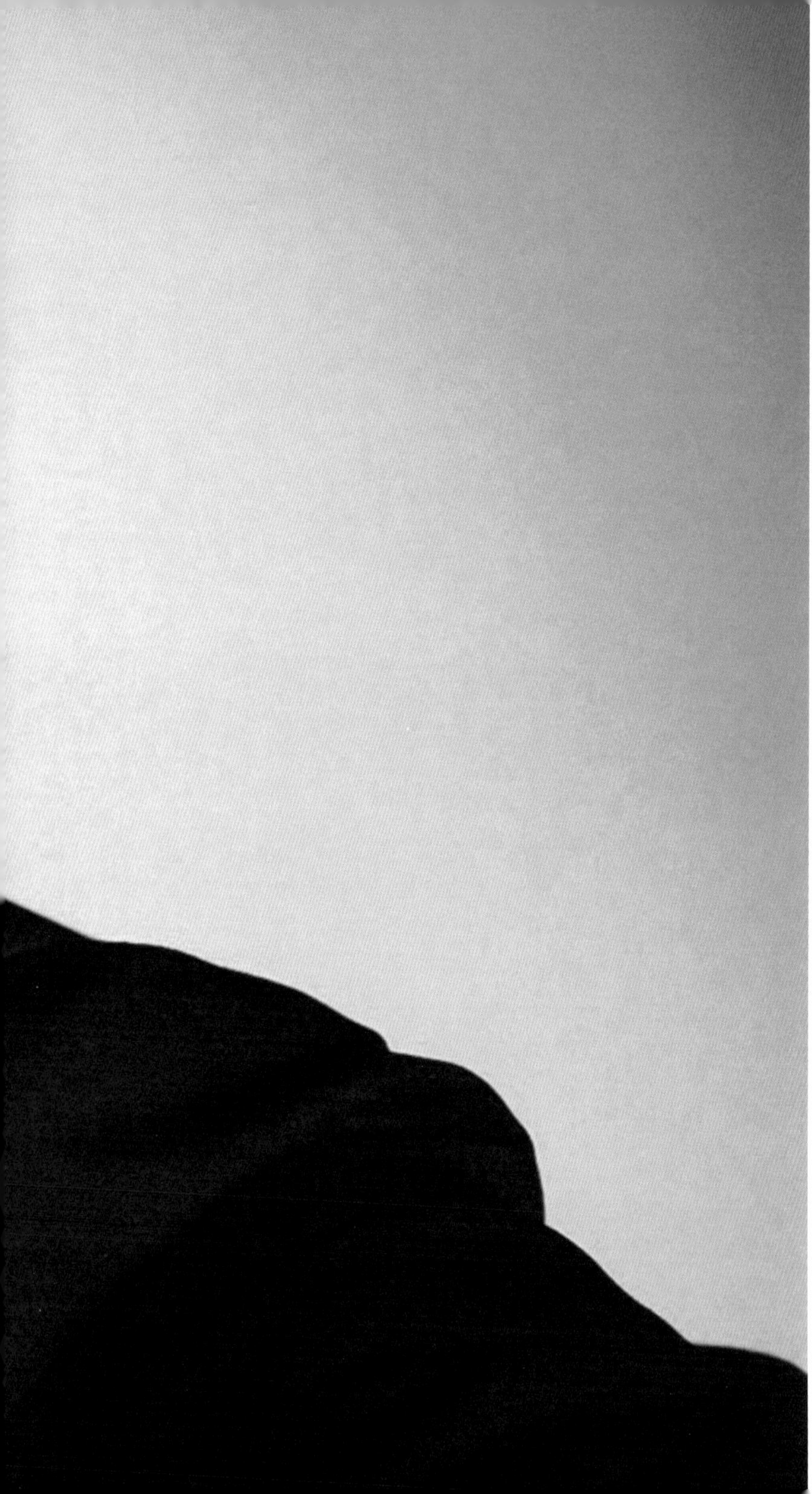

玉木宏

撮影　刈馬健太　スタイリング　上野健太郎（KEN OFFICE）
ヘア&メイクアップ　渡部幸也（r・i・L・L・a）　文　堂前茜

（007page）ジャケット（242,000yen）、ニットTシャツ（214,500yen）、パンツ（78,100yen）、シューズ（90,750yen）／以上、
Ermenegildo Zegna（ゼニアカスタマーサービス　tel.03-5114-5300）（009-010page）ジャケット（69,300yen）、パンツ（39,600yen）、
シャツ（42,900yen）／以上、mando(tel.03-5716-6862)　シューズ（48,400yen）／Ferrante（エスディーアイ　tel.03-6721-1070）　※全て税込

自分を信じてやっていかなければいけない中で、時には攻める気持ちもちゃんと持っておかないと先に進めないな、と

元極道ながら主夫として最強の龍（玉木 宏）と、愛すべき妻の美久（川口春奈）、娘の向日葵（白鳥玉季）、元舎弟の雅（志尊 淳）をはじめとする愉快な仲間たちを描いた爆笑コメディが映画『極主夫道 ザ・シネマ』として戻ってくる。〟不死身の龍〟を原作（同名コミック）さながら再現した玉木の完璧なヴィジュアルと表情などのキャラクター作りの精度の高さは目を見張るばかりで、玉木 宏という俳優の新境地でもあった。近年、〟正義とは、復讐とは？〟といったテーマを孕んだシリアスな作品への出演が続いたため、〟本格的〟、〟社会派〟といった確かなイメージが1つ仕上がっていた中で、である。己の像を塗り替えるのではなく更新し続けるということ、積み重ねてきたもの全てを生かすということ。その難しさをクリアした玉木 宏という俳優は今後さらに、新たな道を切り開いていくはずだ。

昔は褒めてくれる人がいましたけど、年を重ねてくるとやっぱり、人に褒められることはなくなってくるので（笑）

――劇場版を拝見して改めて思ったのは、この作品の魅力というのはやっぱり、キャストの方々が本当に生き生きとパワー全開で演じられていることで。だから観ている方も楽しいし、元気をもらえるんだなぁって。

玉木　ありがとうございます。だからみんな、実際には疲れ切っているんです（笑）。全力でやらないといけないから、みんな必ず声を枯らしてしまう。だけど今回、安達祐実ちゃんだけは（新キャストとして保育士の役で登場）、声を枯らさずにやり切られていたんです。一番、声や喉が強いんですね。

――安達さんのヤンキー言葉というか、あの喧嘩腰の巻き舌の迫力はすごかったですよね。

玉木　吹っ切り方もそうですし、もうすごいですよね。芸歴も相当長い方なので、いろんな現場を経験して、達観されている感じもありました。小柄なのにあんなに迫力を出せるなんて。

――漫画みたいに血管がもう見えているくらいの感じで。

玉木　そうなんです。近くの位置で安達さんの横顔を見ていたんですけど、ここ（首筋）に出る血管がすごいなと思いながら圧倒されていました（笑）。

――ＭＥＧＵＭＩさんや稲森いずみさん、松本まりかさんら女性陣の勢いがもう止まらずで（笑）。

玉木　はい（笑）。男性女性に限らず、瑠東（東一郎）監督の特徴として、とにかく全力でやらせるというところがあって。だから初めてのみなさんはビックリすると思うんです。「こんなに大変なのか……」と（笑）。

――映画ということで、玉木さんの中での心構えに違いはありましたか？

玉木　たぶん監督もスタッフもそうだったと思うんですけど、映画になるということでテレビのサイズ感とは違うものを見せなければいけないという気持ちはあったと思います。ストーリー的には割と、ホーム・ドラマに近いものだと思うので、それをいかに大きなスケールで映画にする意味を持たせるのか？という。そこは意識的にあったと思います。クランクインの日が、宇都宮の商店街をチャリンコで爆走しているシーン、警察官に追いかけられる場面だったので、初日から大きなスケールでの撮影になりました。

——あのシーン、面白かったです。玉木さんがサドルなしの自転車で爆走するという（笑）。

玉木　実際に、過去にもあったんです。サドルを盗まれたこと……。気付かなくて、そのまま座っちゃうんですよね（笑）。映画では走っていて抜けちゃう設定でしたが、リアリティはよく分かるなと思って。

——本作ではカー・チェイスもありますよね。アクション・シーンがより多めというか。

玉木　ドラマよりも凝縮してアクションも多めになっています。当然、怪我なく事故なくやらなければいけないわけですが、カー・アクションは、バイクも絡んでくるし、車から車への移動にワイヤーに使ったり、危険が伴ってくるんです。なので、それなりの緊張感を持ってやっていました。

——玉木さんはドラマでも映画でも、アクションに力を入れられてきたり、地上波ではなかなかできないテーマの作品をやられたりと、色々な挑戦をされてきました。という中で、本シリーズがヒットしたというのは、ご本人としては図らずもという感じなのでしょうか？　それとも手応えを持っていらしたのでしょうか？

玉木　手応えは、自分ではよく分からないです。ただ、ドラマをやっている時は、街に出ると子供たちからすごく声をかけられたので、驚きました。そこは全く、意図していなかったことですね。自分としては、子供より大人の方にウケるのかな？と勝手に思っていたので。

――子供には何と声をかけられるんですか？

玉木「龍だ！」みたいな（笑）。ああいう見た目だし、刺青のアート・メイクもしているので、子供には怖がられるのかなと思っていましたけど、愛着を持って観てくれている子供たちが多かったのかなと。

――例えば映画『ＭＷ-ムウ-』やドラマ『竜の道』のような闇があるキャラクター、ちょっと裏の道に逸れてしまった人間も玉木さんは演じられてきましたが、龍も彼らと同様、別に明るい過去があるわけでもないじゃないですか。それでも龍が――まぁ一度は逸れましたが――お日様の道を歩けたのは、彼のどういうところがあるからだと、演じてみて思われましたか？　演じる上で大事にされたことにも繋がるのかなと。

玉木　いわゆる「ヤクザ」だった時も、そこから足を洗って専業主夫になってからも変わらないのは、何に対しても真っ直ぐだということです。ドラマの時も監督と話しましたが、もう変化球なしのド直球で生きている男だよね、と。専業主夫、家族を守ることに対して真っ直ぐでいるだけなんですけど、あんな見てくれなので、周りが勝手に勘違いしてしまう、というループに入れば成立するのかなと思っていました。だから真っ直ぐさ、ド直球で、全力でいくということだけを、心がけてやっていました。見た目が強烈なので、変化球なんか作らなくともいけるだろうと。

――ＭＥＧＵＭＩさんが演じる婦人会会長の和子に説教される場面などでも、おずおずと「はい……」と頷いていたり、素直に相手の言うことに耳を傾けるところも魅力ですよね。自分の怖さにも無自覚で（笑）。

玉木　おっしゃる通り、素直にというか、強がってイキっているわけではないんですよね。自分としては、「婦人会の中の一員だ」という意識でいるだけなんです。見た目というのは勝手に付いてくるものだと思うので。

――人にどう思われるかよりも、自分の道を進むということ、守るべきものを守る、という信念を持って生きている人だと思いますが、とはいえ人から誤解されて生きるのは悲しいですよね。

玉木 でも、すごく引いた目で見てみると、僕らもパブリック・イメージで生きているような部分があって。だけど、パブリック・イメージはあくまでイメージであって、僕本来のものとは違うと思っているし。

――玉木さんのパブリック・イメージって今どんな感じなんですかね？　ご本人に聞くことじゃないですが。

玉木 あまり気にもしないのですが、普段から、格闘技をやっているんですが、ずっと続けてやっていても、「意外ですね」と言われるのが、何が意外なのかよく分からないなと思いながら聞いています（笑）。ただ好きでやっているだけなんですけど、イメージとは違うんでしょうね。「意外ですね」と言われるということは、もうちょっと文化系なイメージを持たれている方が多いのかもしれません。

――いつかお伺いしたいと思いながらもいつもタイム・アップで聞けていないのが、格闘技に関するお話で。玉木さんのアクション・シーンを拝見すると付け焼き刃な感じではなく明らかに「やっている人」に見えます。今は何をやられているんですか？

玉木 以前はボクシングでしたが、今は柔術に夢中になっています。ちなみに今回も、ドラマに続いて長田（雅仁）さんという信頼のおける柔術の先生に出てもらっているんです。

――柔術家だとどなたがお好きですか？

玉木 最近はクレベル・コイケ選手や、サトシ（ホベルト・サトシ・ソウザ）選手です。『ＲＩＺＩＮ』で盛りあがってきているので、気になります。道場内でもすごく盛り上がっているし。

――次の試合も楽しみですよね！　というところで、またしてもお時間がきてしまいまして……この作品から感じたテーマの１つが、「暴力では何も解決しないよね」という点でした。龍たちは、喧嘩を売られて嫌がらせをされたからといって同じ土俵に上がってしまうことがいかに不毛かをよく分かっています。それは日常生活においても言えることですよね。よく分からない負のループを避けるということ。

玉木 はい。やっぱりそこをテーマに、作品の芯にしないといけないと思っていましたし、監督が何より、大事にされていたと思います。脚本もちょっと書き足したりして。子供にちゃんと夢を与えるような作品を作っていきたいという意思が、ずっとあったんじゃないかと思います。当然「暴力では解決しない」というところもそうですし、おっしゃられたように、本来なら同じ土俵に上がって同じように戦ってしまうところを、龍たちに関しては「あ、そっち?」みたいな方向に持っていっていました。

――玉木さんは、直接的でなくとも、人に何か嫌なことを言われたりした時、同じ土俵に上がらないために意識してきたこと、もしくは、人はさておき自分はここを守ってきた、というようなことはありますか?

玉木 「守ってきた」とはちょっと違うかもしれないですけど、昔は褒めてくれる人がいましたけど、年を重ねてくるとやっぱり、人に褒められることはなくなってくるので(笑)。

――お芝居においてですか?

玉木 全部ですね(笑)。だからこそ、自分がやってきたこと、積み重ねてきたことを信じてやっていくしかないなと思う。「守る」意味とはちょっと違いますけど、自分を信じてやっていかなければいけない中で、自分を守るためにも、時には攻める気持ちもちゃんと持っておかないと先に進めないな、と思っています。

――最後の最後に(笑)、玉木さんが歴代で好きな格闘家を教えてください。

玉木 昔、『殴者 NAGURIMONO』という映画をやらせてもらったのですが、その時に出ていた(ヴァンダレイ・)シウバさんや桜庭(和志)さんはやっぱり好きですね。あの時代は面白かったなと本当に思います。

——またじっくり、聞かせてください！

玉木　また時間がある時に、ぜひ（笑）。

映画『極主夫道 ザ・シネマ』
監督／瑠東東一郎
原作／『極主夫道』おおのこうすけ『バンチコミックス』〈新潮社〉
出演／玉木 宏、川口春奈、志尊 淳、古川雄大、玉城ティナ、MEGUMI、橋本じゅん、滝藤賢一、稲森いずみ、竹中直人、吉田鋼太郎、松本まりか、安達祐実、他
6月より全国公開

野宮真貴

40年という時を経たからこそできた、「最新型」の「現在形」の野宮真貴のアルバムになったと思います

対話　山崎二郎

１９８１年、当時〈ビクター〉の新鋭レーベル〈フライングドッグ〉からデビュー作『ピンクの心』を発表してから、40周年を迎えた野宮真貴。90年代、日本のみならぬ世界で人気を博したピチカート・ファイヴの活動以降、ソロ・シンガーとして、近年では「渋谷系を歌う。」シリーズで、名曲を歌い継ぐ活動をおこなってきた。２０２１年12月のNight Tempoに始まりPhum Viphurit、Rainych、evening cinemaといった新世代アーティストとのコラボ・プロジェクト「World Tour Mix」に続いて、鈴木慶一、佐藤奈々子、横山剣（クレイジーケンバンド）、高浪慶太郎、カジヒデキ、松尾レミ（GLIM SPANKY）が参加したニュー・アルバム『New Beautiful』を4月20日にリリース（鈴木雅之、小西康陽、矢舟テツローとの共演ライヴ音源も収録）。24日大阪、29、30日東京でコンサートも決定である。

私の40周年を、新しい世代の人から一番付き合いの長い人との曲まで、現在から過去にさかのぼるようにして、曲を並べているんですね

——40周年のアルバムは、どういう構想から始まったのですか？

野宮 私の40年間の音楽人生に深く関わってくれた方たちと作りたいなと思ったのが最初でした。古くはデビューの『ピンクの心』をプロデュースしていただいた鈴木慶一さん、そして私の代表曲になった「Twiggy Twiggy」を作詞してくださった佐藤奈々子さんから始まって。ソロの次はポータブル・ロックとして活動していたので、ポータブル・ロック、と。で、よく考えたら、そういえばポータブル・ロックって解散してなかったなと思って（笑）。この機会にまた曲を書いて欲しいなと思い、連絡しました。ポータブル・ロックは、数年おきにライヴをやっていたんですよ。だから時々連絡を取り合ったりはしていたんだけど、新曲を書いてもらうのは20年以上ぶりで。

——その「Portable Love」ですが、曲を聴いていかがでしたか？

野宮 ポータブル・ロックらしさがよく出ていますよね。今回、様々な方に5曲新曲を作っていただきまして、生で演奏している曲が多かったんだけど、ポータブル・ロックは得意の打ち込みで。だから、やっぱり一番自分らしさのある歌になった気がします。自分らしさって、ピチカート以前のキャリアとして、テクノ歌謡のような感じでデビューしていたので、その頃の自分をまた引き出してくれたのかなと。歌い方や声も、ニューウェーヴがルーツなので、ピタッとハマりましたね。

——詞は野宮さんが書かれていますね。

野宮 はい。ポータブル・ロックの当時は私は一切書いてなかったんですけど（笑）。今回は曲を聴いた時に色々言葉

が浮かんできので、書いてみようと思いました。私の中では映画『ブレードランナー』のレイチェルの恋、みたいなものをイメージしたんです。

――伝わります。あと欠かせないのが横山 剣さんで。これまで幾度となく共演されていますからね。

野宮 そうなんです。ピチカート時代、ラジオにゲスト出演していただいてからのお付き合いだから、もう20年以上になるんですけど、最多共演数を誇っていて。81年のデビューの同期でもあり、同い年でもあって、ずっと仲良くさせてもらっています。この「おないどし」という曲は、私的にはやっとの、念願叶った曲で。随分前から剣さんに、「おないどし」っていうデュエット曲を書いてほしいってお願いしていたんです。「目指せ、紅白！」なんてことを言いながら（笑）。

――でも、長い付き合いじゃないと、剣さんもこういう歌詞を提供なさらないと思うんですよ。

野宮 同じ時代を過ごしてきたからこそ分かる言葉が散りばめられていますね。

――〈万博〉と〈月の石〉とかね。

野宮 同世代の親近感はやはり特別なものがありますね。全然違うフィールドにいるけれど、知り合ってからずっと一緒に作品を作ることができて、ありがたいです。

――そして松尾レミさん作詞曲の「CANDY MOON」。下の世代からの渋谷系解釈がこれまた素晴らしくて。

野宮 レミちゃんは、GLIM SPANKYでデビューした頃に対談を申し込まれたのが出会いのきっかけで。お話したら、ピチカート・ファイヴや渋谷系の大ファンで、幼い頃からお家の中では渋谷系の音楽が流れていてすごく好きだと。しかも音楽だけじゃなくて、60年代のファッションやカルチャーも大好きだそうで。年齢差はありますが、いつも私のことを「永遠の女の子の憧れ」とか「真貴さん可愛過ぎます！」とか言ってくれるんです。素直に受け止めているんですけど（笑）。そういうこともあって、この「CANDY MOON」はとてもキュートな曲なのですが、主人公になったつもりで歌ってみました。音楽ってアンチ・エイジング効果があると思っているので。歌うだけじゃなく、リスナーにとっても、例えば青春時代に聴いていた曲を聴くとその頃のワクワク感が甦ったり。特に渋谷系の音楽ってアンチ・エイジング効果が高い気がする（笑）。

——（笑）松尾さん自身も渋谷系の音楽を聴いていた頃に戻っているような、懐かしさを感じまして。

野宮 そうですね。〝カフェ〟じゃなく〝喫茶店〟っていう言葉が出てきたりね。60年代が好きっていうのは、イコール昭和も好きなんだと思うんですけど、そういうところで共感が生まれますよね。

——最後に小西康陽さんとライヴ共演された「サンキュー」が入ったことが嬉しくて。

野宮 40年の音楽のキャリアを考えると、ピチカート・ファイヴの10年間って一番大きかったんですよね。ちょうど去年、矢舟テツローさんとのジョイント・ライヴで小西さんとも共演して。アンコールに「サンキュー」を歌ったのですが——あの時のライヴのセットリストは、ほとんど矢舟さんの入れたい曲で構成されていたところ、「サンキュー」だけは小西さんが「アンコールで歌うなら『サンキュー』が良い」と言ってくれたことで入ったんです。そして歌で参加してくれたので、公式として20年以上振りに、同じステージに立つということになったんです。「サンキュー」が入れられたことはすごく意味があるし、私からの感謝の気持ちでもあります。

——しかも、アレンジは今の小西さんがやってらっしゃるスタイルです。

野宮 そうですね、矢舟さんはPIZZICATO ONEのピアニストでもありますし。アレンジは矢舟さんだったのですが、ライヴのリハーサルに小西さんが結構来てくれて。「もうちょっとこうしたら？」とアドヴァイスしてくれたり、バンドの楽しさを久しぶりに味わいました。

――今回楽しみにしているのは初回限定盤に付く「SPECIAL BOOK『nomiya maki unseen -40th anniversary photo book-』です！

野宮 はい、これは私物のスナップ写真の中から、一度も出していない貴重なものを色々探したんです。40年分なので、膨大な量で大変でしたけど（笑）。キャプションも手書きしました。ビハインド・ザ・カーテンといいますか、舞台の裏側を覗き見るようなファンにはたまらないものになったと思います。今回、Night Tempo、Phum Viphurit、Rainych、evening cinemaなど今ＳＮＳ界で話題の、私の息子と同じ年くらいの若い人たちとコラボレーションした「World Tour Mix」の最新の「東京は夜の七時」から始まって、２０００年代に出会った、松尾レミさん、「渋谷系を歌う。」シリーズで、何度も共演している横山 剣さん。そして１９９０年代のピチカート・ファイヴで出会った高浪慶太郎さんと、最後の渋谷系のカジヒデキさん、結成40周年のポータブル・ロック、そしてデビュー曲を作ってくれた鈴木慶一さんと佐藤奈々子さん。私の40周年を、新しい世代の人から一番付き合いの長い人との曲まで、現在から過去にさかのぼるようにして、曲を並べているんですね。でもそれって、野宮真貴の40年を振り返るものではなくて、参加ミュージシャンたちが「今の私に歌ってほしい」と、今の私にふさわしい曲を愛をこめて作ってくれた作品ばかりなんです。ライヴ音源では、小西康陽さん、鈴木雅之さん、矢舟テツローさんが参加したものを収録しています。だから40年を振り返るアルバムではなくて、40年という時を経たからこそできた、「最新型」の「現在形」の野宮真貴のアルバムになったと思います。このアルバムができたことは、私の誇りですし、私と一緒に音楽を作ってきてくれたミュージシャンやスタッフにとっても、とても意味深いものになりました。だから、たくさんの人に聴いてほしいですね。

『New Beautiful』
4月20日発売
〈ビクターエンタテインメント〉

©Mari SHIMMRA

レオス・カラックス

構成　堂前茜

子どもが大人を見捨てた時に、真実が露わになる。これは僕が経験したことだ。だから13歳の時に改名した。僕は娘に捨てられたくないけど、そうやって起こるものなんだ攻撃的なユーモアセンスを持ったスタンダップ・コメディアンのヘンリー（アダム・ドライバー）と、絶大な人気を誇るオペラ歌手のアン（マリオン・コティヤール）。「美女と野人」と持て囃された2人は恋に落ちるが、アネットという娘が生まれたことで、彼らの人生は狂い始める――映画『アネット』は、2年ぶりの開催となった昨年の『カンヌ国際映画祭』のオープニングを飾り、レオス・カラックスは監督賞を受賞した。疾走する愛の先を描いたカラックス。狂気も衒いもなく愛のドンキホーテを演じたドライバー。本作でもファム・ファタールぶりを発揮したコティヤール。原案と音楽がスパークスと、誰が欠けても本作は生まれなかった。カラックスは「スパークスの音楽なしには、映画を始めた頃から夢見ていた〝音楽による映画〟を作ることはできなかった」と語る。

混沌が子どもの自己を確立、あるいは再確立させるんだ

――ミュージカル映画を作るというアイデアは長い間、温められていたのですか？

カラックス 映画を作りはじめた時からだね。3作目の『ポンヌフの恋人』をミュージカルにしようかと思った時もあった。だけど大きな問題があって、それは――大きな後悔でもあるけど――自分では作曲ができないということ。しかもどうやって作曲家を選んで、一緒に仕事をすればいいのかも分からなかった。だから躊躇していた。若い頃はそれほどミュージカルを観なかったし。ブライアン・デ・パルマの『ファントム・オブ・パラダイス』はスパークスを見つけた頃に観たのは覚えてる。そしたら僕の前作『ホーリー・モーターズ』が公開された1、2年後、ドニ・ラヴァンが車の中で『インディスクリート』に入ってる「How Are You Getting Home?」を流すシーンがあったんだけど、僕がファンだと知ったスパークスがミュージカルの企画をもちかけてきた。ハリウッドに囚われて逃れられない、イングマール・ベルイマンのファンタジーの話。ただ、僕には向いていないと思った。なぜなら過去を舞台にしたものは作ったことがなかったし、イングマール・ベルイマンと呼ばれるキャラクターの出る映画を作りたくなかったから。だけど数ヶ月経って、彼らは20曲ほどのデモと『アネット』のアイデアを送ってきた――ミュージカルは映画を、ほぼ文字通り別次元のものにする。時間、場所、そして音楽。それによって素晴らしい自由が生まれる。音楽にしたがって演出することもできれば、音楽に立ち向かうこともできる。人が歌ったり踊ったりしない映画にはできないような、あらゆる種類の矛盾した感情を混ぜ合わせることができる。グロテスクでありながら同時に深遠にもなれる。それに静寂。静寂が何か新しいものになる。会話や環境音との対比としての静寂ではなく、もっと深い何かに。

――『アネット』ははじめからロック・オペラ・ミュージカルだったんですか？

カラックス はじめからオペラ的だった。それに、程よくロック。スパークス流のミックスだよ。ただ、スパークスから最初の曲と説明を聞かされた時、1つの大きな懸念があった。男はスタンダップ・コメディアンなのに、彼の芸がどんなものか全然思い浮かばない。だけど――子どもの頃かもう少し後になってから、フランスで何度かスタンダップ・コメディを観たことがあって。あとは両親の影響で、ずっとトム・レーラーが好きだった。彼は数学の先生だったけど、1950年代になってピアノの弾き語りでスタンダップを始めた人だった。彼の歌はすごく風刺が効いていて、実際、少しスパークスみたいな感じで。僕の最初の映画の「モーツァルトが僕の歳だった時には、もう死後2年が経っていたと思うとぞっとする」というセリフは彼から盗んだんだ。そして『アネット』でも彼の歌を少しだけ使った。今回は許可を取ってね。あとはレニー・ブルースとアンディ・カウフマンも知っていた。彼らや、リチャード・プライヤー、スティーヴ・マーティンらの自伝を読んだけど、中には舞台の前にパニックになって嘔吐する人もいる。客を笑わせなければいけないと思いながら舞台に上がるのは……それは恐ろしいだろうね。僕が『カンヌ～』の舞台に無理やり上げられて……裸になるようなもんだよ。だから2つのテーマがあった。まずはオペラ。音楽と気品とともに舞台上で死ぬ女性。それにスタンダップ。こちらはグロテスクで――偉大なコメディアンが演じるのを見れば分かるように、自己を破壊するほど挑発的なんだ。

――ヘンリーのパフォーマンスは笑いがよくネタとして語られるものの、その笑いはあまり楽しいものではありません。彼は私生活のとてもパーソナルな部分で観客を笑わせようともします。

カラックス 笑いは生と死に対する問いかけになる。僕らにはヘンリーの物語のために、全く違う2つの舞台を考える必要があった。それは大きなチャレンジで、大変だった。回数は忘れたけど、何度も全て違うヴァージョンで試してみた。しかもはじめは、全ての台詞を歌にしたいと思っていて、つまりは舞台全体を歌詞に落とし込まなければならなかった。その上、他のコメディアンにはない面白さが必要だ。僕にはそれができなかった。でもある日、こう思った。ヘンリーがずっと歌う必要はないのかもしれない。歌から語りへ、そして身振りへと移り変わってもいいんじゃないか。それで解放されたんだ。

――ヘンリーの「コメディは殺人を犯さずに真実を語るたった1つの方法だ」という台詞が印象的です。

カラックス オスカー・ワイルドがよくそんなことを言っているんだ。だけどみんな、それをやり過ごさなければいけない。人を殺さずに真実を語る方法を見つけなきゃならないんだ。自分自身の真実をね。

――『アネット』は過去の作品のテーマであるボーイ・ミーツ・ガールへの回帰でもあるのかなと。ヘンリーにはアレックス（初期3作品でドニ・ラヴァンが演じたキャラクター）とピエール（『ポーラX』でのギヨーム・ドパルデュー）の影を感じます。精神的に強く惹かれる人と出会うものの、彼ら自身への過度な期待に耐えきれずに、自分や恋愛関係を破壊しようとしてしまったり。男性キャラクターたちの間に繋がりはあるのでしょうか？

カラックス 俳優たちに共通するものを感じるね。ドニ、ギヨーム、アダムに。何よりも彼らは面白い人間だ。全ての俳優が面白いわけじゃない。アダムのことはTVシリーズの『ガールズ』でしか観たことがなかったけど、ムイシュキン公爵がナスターシャ・フィリッポヴナを初めて見た時みたいに、「なんて類まれな顔だ」と思ったんだ。それに身体も並外れている。彼は少しドニを思い起こさせた。ドニは背が（僕並みに）低いし、人から奇妙だと言われる顔をしてる。アダムは背が高くて綺麗な顔なのに、彼を奇妙だと言う人もいる。ギヨームとアダムは身体性が似てる。強くて、しなやかな、女性的な面と男性的な面を合わせ持つ、若くてとてもカッコ良い人だ。彼らが演じたキャラクターには、いくつか共通点があると思う。彼らは関係性を保ちたいのに破壊してしまう。

――ヘンリーを見ていると、男性の悪行がその芸術表現と関係があるのではと思ってしまいます。

カラックス あぁ、でもそれは僕がいつも考えていることで。悪い男、悪い父親、そういう人として最低な男性芸術家は、僕のインスピレーションを掻き立てる。きっかけは、若い頃に読んだフランスの偉大な小説家セリーヌで、ナチ占領下のフランスで書かれた反ユダヤ的な風刺文でその名が知れ渡った男だった。

――芸術家に良い人間でいてほしいと思うのは、欲張り過ぎだと思いますか？

カラックス 欲張りではないけど正しい期待じゃない。ベケットやブラム・ヴァン・ヴェルデのように人間性も素晴らしいのだろうと思わせる偉大な芸術家もいて、僕らの知る限り彼らは苦しんでいても他人を煩わせることはしない。美学が作品にも表れている。だけどそんな芸術家が多くいるだろうか。チャップリンは善人だった？　僕の大好きなパトリシア・ハイスミスは？　僕の中では、我々の時代の最も才能ある2人のコメディアンは、デュドネとルイ・C．Kだ。1人はファシストの変人。もう1人は女性に自分の自慰行為を見るように強制するような人。

――マリオン・コティヤールはどのような経緯で起用されたのですか？

カラックス 最初はアメリカの女優に会っていた。アンはアメリカ人の予定だったから。だけどアンを見つけられなかった。歌手なら演じられるかもしれないと思ったけど、それでも見つからない。だんだん心配になった。それはお金や評判のせいではなくて――僕が寡作である別の主な理由の1つに、俗に言う〝キャスティング〟があるんだけど――キャスティングは極めて不自然で馬鹿げた習慣だと思ってる。だから俳優と女優を使わない企画を頭の中で想像しては、諦めて――。それでもどうしても適役が見つからない。もう終わりだと思った。アンが見つからなかったどうする？　理想と違う女優と無理して仕事したことなんてないのに、そんなことができるんだろうか？　だけど、『アネット』を撮り始める2、3年前に、ようやくマリオンと会った。なぜか僕らは馬が合わないと思っていたから、あまり期待はしていなかった。だから、彼女をすごく気に入った自分に驚きながらも、彼女がアンだと思ったんだ。でもやっぱり問題が起きて、マリオンが妊娠していたから、予定していた時期には撮影できなかった。だが御多分に洩れず資金調達とプロダクションが混乱していて、いずれにしても撮影は遅れ続けていた。プロデューサーを3回も変えなきゃいけなかったり、なんだりしてね。だから2

年後にマリオンに再度オファーをして、彼女が「イエス」と言った時、僕とアダムは大喜びだった。撮影中は、いや今でも、彼女が映画にもたらしてくれたものにすごく感謝してる。マリオンにはサイレント映画の女優のような気品とミステリアスなところがある。彼女をもっと撮りたかったよ。俳優との仕事は――これまた緻密さとカオスだ。マリオンは両方に慣れているけど、どちらかといえば緻密な方。アダムはその時々で、どちらか一方をより必要とする。だからいくつかのシーンでは迷いが生じて、カッとなっていた。僕が過剰に緻密さを求めたり、深いカオスにとり残してしまったからだ。もちろん彼はそこで最も集中した素晴らしい演技を生み出した。そんなところが僕らは少し似ているかもしれない。アダムを撮るのが大好きだった。

――アネットは最後にようやく人間の女の子になりますが（劇中では途中まで、人形がアネットを演じている）、それは彼女が完全に孤独になる時ですよね。

カラックス そこはこの映画のピノキオ的な側面であり――僕が刑務所でのラスト・シーンを付け加えた理由で。いつでもそれが真実だから。子どもが大人を見捨てた時に、真実が露わになる。これは僕が経験したことだ。だから13歳の時に改名した。僕は娘に捨てられたくないけど、そうやって起こるものなんだ。アネットが現れて、自分の父親に言う。「そうね。変わった。もう終わったの。もうパパには誰も愛する人がいないのよ」。

――監督は、幼い頃を1人で過ごしていたとお聞きしました。

カラックス 過度な混沌の中にいる場合、ある種の子どもには、1人で放置されるのは幸運なことだと思う。放置されることで悲劇、家族の悲劇から恩恵を受ける。混沌が子どもの自己を確立、あるいは再確立させるんだ。

『アネット』
監督／レオス・カラックス
出演／アダム・ドライバー、マリオン・コティヤール、他
〈ユーロスペース〉他、全国公開中

小林聡美

そんなに人は万能じゃないし、知らないことはいつまでもあると思う。だからこそ、知っていることに対しても、新鮮な気持ちを忘れないでいることが大事なんじゃないかなぁ

撮影　TAKA MAYUMI　スタイリング　藤谷のりこ
ヘア&メイクアップ　北 一騎（Permanent）　文　堂前茜

悲しみと腰を据えて向き合わず、不幸を他人のせいにしてしまった時、憎しみは生まれる。ものごとの明るい面を見る人は、たとえ過去に心を塞ぐ出来事があったとしても、美しい。映画『ツユクサ』を観て、主人公の五十嵐芙美を演じた小林聡美に取材をし終え、思ったのはそんなことだった。本誌撮影中の小林を眺めていると、内から出る輝きに目がつい奪われる。話していると、こちらのどんな感想にも丁寧に耳を傾けてくれているのが分かり、ついつい喋り過ぎてしまう。芙美の友人の直子（平岩紙）や妙子（江口のりこ）、小さな親友の航平（斎藤汰鷹）も、こんな気持ちで彼女と話していたのだろうか。とある田舎町でささやかな楽しみを享受しながら生きる芙美、彼女に起きた小さくて大きな奇跡。果たしてそれが奇跡だったのか、どう捉えるかは、観る人次第だ。

みんな自分で自分を枠にはめ過ぎずにいられたらどこに行っても何とかなるのかもしれませんけど

――この作品、グッときたシーンがたくさんあるんですが、言葉にするとすごく陳腐なんですよね……。

小林 いや、そうなんですよね。

――再生の物語であり、小さな恋の物語であり、すごく希望を感じる物語だなと思って。

小林 ありがとうございます。私も、まさに言葉にすると陳腐ですけれど、人生の大きな流れの中で、色々と出会いがあって、別れがあって、恋もあって。そういうことが温かくギュッと詰まった、観た後に気持ち良くなる、温かい気持ちになれる、いい時間だったなと思える映画だと思いました。

――映画であろうとドラマであろうと、大人の恋であろうと若い人の恋であろうと、観ていると「こんなに上手くいくかい」みたいな気持ちになることがあるんですが、この作品はとてもリアルに感じられて。自分もすべてをリセットして伊豆に行ったら新たな出会いがあるんじゃないか?と思わせてくれるという（笑）。

小林 （笑）そうなんですよね。恋愛の話、職場の人との人間関係について、ちょっとした世間話、愚痴なんかが言えるバーがあったり、年下の楽しい友達がいたり。人や場所との関係がバランス良く芙美さんの周りにある。それってもう、一番幸せなことだなと、今こういう時期だからこそ余計に思いますよね。

――松重（豊）さん演じる篠田（吾郎）さんとのキス・シーン、「もう?」と、ドキドキしながら観ていたんですが、その後に月夜の海辺の綺麗なシーンが映って。しっとりした気持ちになっていたら、シーンが変わり、芙美さんが口をあんぐり開けて篠田さんに歯を診てもらっている。面白さと驚きを感じたんですが、よく考えたら、親密になった人なんだから口の中も見せられるんだなぁって。でも撮影は、恥ずかしくなかったですか？

小林　これはなかなかやっぱり、すごく生々しいっていうかね、ちょっとドキッとする行為ですから、口の中を見せるというのは。芙美さんと吾郎さんの相手との距離感の縮め方が大胆だなって。実際の恋人同士でもなかなかああいうことにはならないと思うんですが、そこが映画ならではの、ハッとさせる力の見せどころ、面白いところなんじゃないかなと思いました。

――あと、芙美さんがお家で1人で食事をするシーン、あそこもすごく好きでした。ちょっとウェットな見方なんですが、決して暗く見えない、惨めになんか見えないところが良くて。自分で自分の機嫌を取れるところ、生活を明るくしようとする彼女の健気さと強さが滲み出ていたように感じました。

小林　嬉しいですね、ありがとうございます。だけど、事柄だけで言うと、子どものこともあるし、それがきっかけでたぶん離婚にもなっちゃって。それで住む町を変えて、自分で働けるところは工場だったみたいなね。箇条書きにすると重い人生だなと思うんですけど、そういったことを纏わず暮らしている芙美さんの底力というものを、完成した映画を観て感じたところはありますよね。

――芙美さんは、取り返しのつかない後悔や、大切なものを失ってしまった大きな喪失感を抱えながら生きています。台詞で直接的に語られるわけではないんだけど、小林さんの芙美さんからはそういった彼女の重みが時折感じられて。それは、お芝居の技術的なもので体現されていたのか、ご自身の経験、引き出しから滲み出ていたものなのか、ご本人としてはお答えにくいと思いますが、どうやって表現されたのでしょうか？

小林　分からないけど、役柄を演じる上で、私の細胞の様々なものがベースになっているのは事実で。もしかしたら、若い頃には表現できていなかったことが自然とできるようになったのかもしれないですね。まぁでも、大人で無傷な人はいないわけだし、何らかの「よく考えたら後悔だな」というものはあると思うんです。だから今後は後悔しないように生きるとか、封印したりとか、乗り越えたりとか、そういったことがたくさんあって。で、いい意味で諦めを、生きていくと身につけていきますよね。否定的な、後ろ向きな意味ではなくて。そういう部分を、私も年齢と共に身に付けてきたのかなと思います。大いに期待しない、みたいなね。私は、性格的なところでは、10代の頃から本当に中身が変わってないと思うんですが、その歳その歳で、仕事の内容は変わってきますし、「こういうことを求められているんだな」というのも何となく分かり、そこに近付けないジレンマやプレッシャーみたいなものを私なりに感じる時も、もちろんあったりなんかして。だけどそういったものを、歳を取るにつれて自分に課さなくなってきました。自分の中では随分楽になった感じはするんですけどね。

――人に求められると応えたくなってしまったり、「大丈夫?」と聞かれたら「大丈夫」と言ってしまうのが人のサガでもあり。そういうことを自然とやらずに済むようになった、と。

小林 はい。歳を取ったらそうなると思います。人にどう思われたいか?ということではなくてね。結局、自分の身体だし、自分の人生だから、周りにばかり気を遣っていたら、時間がもったいないなって思ってしまいます。

――色んな経験をすること、色んな出会いを経ること、そういうのが役者の糧となる、表現の幅にも繋がる、という考えもあると思うんですね。一方で、色んなことを知って経験が増えたら、知らなかった自分にはもう戻れないじゃないですか。ちょっと話が逸れてしまいましたけど。

小林 でも確かに、本当にそう思います。一番怖いのは知った気になっていることで、「これもみんな知っているから」と錯覚してしまうことってありますよね。だけど不思議と、知らないことってまだまだいっぱいあるし、若い時に自分が思っていたことを客観的に見られる分、自分や周りのことに対して、違う見方ができたりする。自分が勝手に思い込んでいたなぁということは、生きている限りこれからも出てくると思います。そんなに人は万能じゃないし、知らないことはいつまでもあると思う。だからこそ、知っていることに対しても、新鮮な気持ちを忘れないでいることが大事なんじゃないかなぁ。

――ラストに近い場面で、芙美さんはあるものを海に投げます。「投げるんだ」とびっくりして（笑）。

小林 そうですよね。演出の上でも、最後まで投げるのかどうするか、決まっていなかったんです。スタッフも、「え、投げるんですか？」と驚いていて。だけど投げられるって、大きい決意ですよね。別に持っていたままでも、気持ちを切り替えればいい話じゃないですか。だけど監督の表現したい世界がそれだということで（笑）。

――でもその後のシーンを見て、「だから投げさせたのか」と思いました。つまり、大事なものを手放さないと新しいものを得ないっていうか。とはいえ映画みたいに、大事なものを失ったら新しいものがすぐに得られるような人生なんてみんな送っていないと思いますが、1つの教訓として。

小林 すぐにはね。振り返れば、いくらでも理由っていうか、「そういうことになったんだね」という風に納得することはできるけど、あんなにすぐ、魔法のようには起きないとは思いますよね。

――最後に。小林さんは最近、どんな作品が胸に刺さるのでしょうか？

小林 そうですね。今は、人生というものをちょっと振り返ってしみじみ味わえるような作品ですかね。〈Netflix〉でバーっとやっているらしいんですが、〈NHK〉で『赤毛のアン』をやっているんですよ。『アンという名の少女』。あれがもうすごく良くできているし、すごく面白くて。人に対する偏見だったり、自分を肯定できない感じだったり、そういう自分の成長を振り返らせてもらえる気がします。そういうのが今、（胸に）きますね。

――気持ちを切り替えたい時などは、どうやってリフレッシュされていますか？

小林 特にコロナになってから、本当に人と接する機会がなくて、否応なしに自分1人の世界に、逆に浸れるみたいな環境になって。例えば、自分の配合でクッキーを焼いたり、散歩に出かけたり、そういうことができる環境にいることが、この状況下ではすごく幸せなことだなと思うんですね。本当に自分が楽しいと思うこと、自分が喜ぶことをやっている気がします。ピアノを始めたり野菜を作ったりとかね、ちょっとしたことでリフレッシュできるものが身の周りに結構いっぱいある。

――今おっしゃってくださったみたいに、1人でも楽しみはいっぱいあるし、1人の生活も素晴らしいと思うんですが、この映画を観て思ったのは――江口（のりこ）さんが演じる妙子が「女はどこに行ったって男で世界は広がる」と言っていましたが――とは言え、寄り添えるパートナーがいるに越したことはないのかなと（笑）。

小林 そうですよねー（笑）。というか、本当にそうですよ。1人よりは誰かいた方がいいと思いますね。でも、そう思っている人がいっぱいいるのに、なかなか巡り合えないのって、何なんですかね？

――だからやっぱり伊豆とかに行ってリセットするくらいのことが必要なのではと（笑）。

小林 いやいや、伊豆に行ったからっつってね。みんな自分で自分を枠にはめ過ぎずにいられたらどこに行っても何とかなるのかもしれませんけど。人との繋がり方、相当難しくなっていますからね。

――でも本当に、色々と励まされる映画でした！

小林　ありがとうございます。周りのお友達にも薦めてください（笑）。

Ⓒ 2022「ツユクサ」製作委員会

『ツユクサ』
監督／平山秀幸
出演／小林聡美、平岩 紙、斎藤汰鷹、江口のりこ、渋川清彦、泉谷しげる、ベンガル、松重 豊、他
4月29日より全国公開

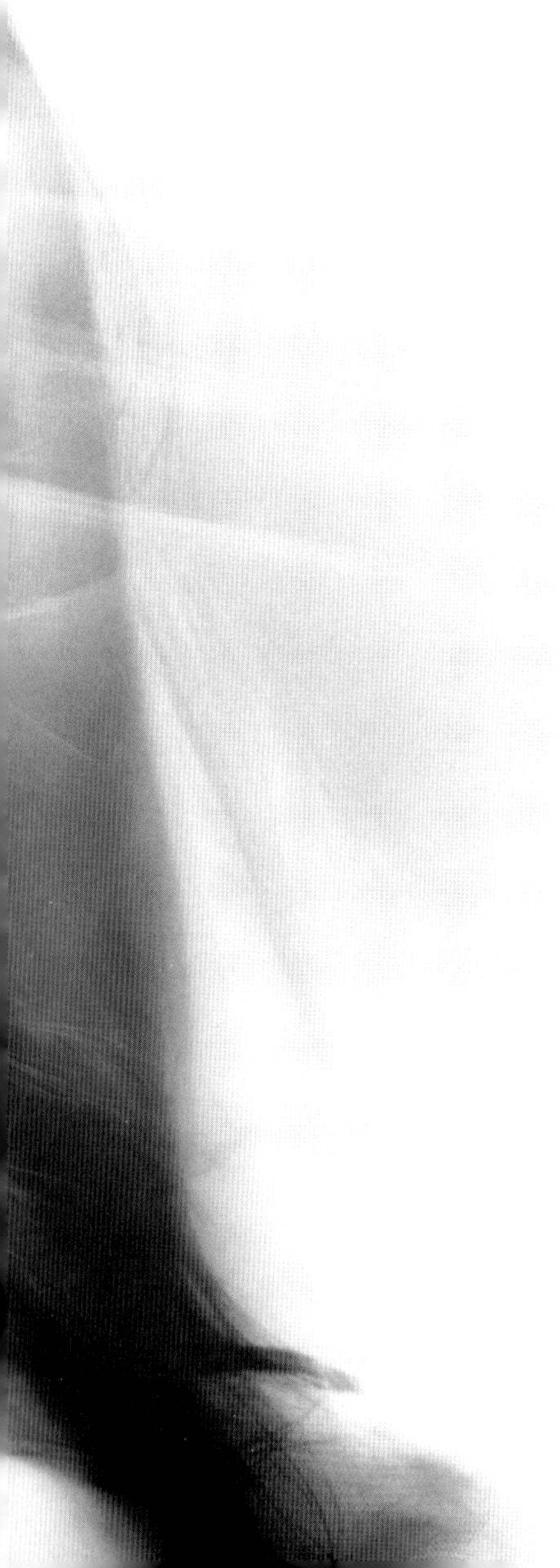

UA

作り始めてからずっと「POPに！」って、言いまくってますから。もうこれは言ったからには本当にやんなきゃっていうぐらい徹底して、私ならではのPOPな音に落とし込んだ感じです

対話　山崎二郎

今年、デビュー25周年を迎えたUA。1月には東京、大阪にて『UA 25th →→→ 30th Anniversary Live!!』を開催。5月7日『OTODAMA'22〜音泉魂〜』、28日『Greenroom Festival』とフェス出演も決定と、昨年、20年ぶりに復活した、浅井健一とのユニットAJICOに続いて、精力的にライヴをおこなう彼女が、新作のリリースも決定した。3月16日に、マヒトゥ・ザ・ピーポー作詞・作曲の「微熱」、5月25日に、岸田繁、Kj、永積 崇らを作曲者に迎えたEP『Are U Romantic?』をリリースする。現在カナダ在住の彼女とオンラインで久しぶりに話した。

ちょっと早過ぎちゃってる感はいつもあったので、「予定よりリリースが遅れた！」って思ってるぐらいがＰＯＰなところには行けるのかなっていうか

――ソロとなると２０１６年以来の新作のリリースにあたって、リリースするタイミングは感じてましたか？

ＵＡ「微熱」は２０２０年にはレコーディングを済ませてましたから、リリースが待ちきれない心境にはなってましたね。ずっと日本に滞在できない事情もあってオン・オフが必要な状況なので、この時期のリリースがベストなんでしょうね。でも、ドキドキしますよ。音楽って旬なものだし、どっちかって言うと、ちょっと早過ぎちゃってる感はいつもあったので、「予定よりリリースが遅れた！」って思ってるぐらいがＰＯＰなところには行けるのかなっていうか。今回、「ＰＯＰやるぞ！」って言って、作り始めましたから。

――どうしてそう思ったんですか？

ＵＡ　２０１８年ぐらいから何か自分の音楽の聴き方がすごく変わったなって自覚があって。実際、今、カナダでの日常生活で耳にする、いわゆるカナディアン・ポップ・ミュージックが意外と面白いんです。あと、ディスコのブームとか90年代のリヴァイヴァル感とかって、世界的にずっと続いてますよね。ディスコっぽいポップ・チューンみたいなものが、自分の原点としてあるんだなって再発見したというか。

――それって、日本を離れないと絶対に得られなかった感覚ですよね。「ＰＯＰ」というテーマが決まって、曲はどんどんできました？

ＵＡ　初めての試みで今回はフロントマンたちに楽曲を依頼したんですけど、「引き受けてくれるかな？」っていうドキドキ感もありましたね。

――まず、この「微熱」！　この曲調、「情熱」を想起するタイトルは超話題になるんじゃないですか。どんな感じでアイディアを形にしていったんですか？

UA　（笑）「やっと出せるんだ」っていう感じで、話題にならなかったらもう死んじゃいますよくらいの想いもありますね（笑）。当初、作曲してくれたマヒトゥ・ザ・ピーポーくんにオファーはしていなかったんですけど、2年ほど前に、ある方のパーティで、私とマヒトくん、踊ってばかりの国の下津光史くんが即席ユニットを組んで演奏する機会があって、3人で集まってリハをしたことがあったんです。その翌月には、マヒトくんからゆったりしたスロー・テンポのギター1本のデモが届いて、めちゃくちゃ感動して、「何だこの人は！　なぜ私のことをそんなに知ってるんだ？」って気持ちになって。歌詞には自分が書けないようなフレーズもあって、「この曲はすごい歌い甲斐があるなぁ」と思いましたね。全体のコンセプトも考え、トラックはどんどんテンポを速くして仕上げたんです。タイトルの「微熱」は、もう最後の最後につけましたから、実は「情熱」を意識したってことでもなくて。

――ご自分からは出てこない言葉を歌うことで、新鮮に響いてくる部分もありますし。特に〈かわらないであなたは　街や時代がかわっても　ずっとそのままで〉っていうフレーズがいいですよね。

UA　歌ってて、毎回あそこはすごくゾクっときますね。

――Ｋｊさんとのコラボ曲「ＯＫ」を聴いて、今だからできる直球感、この2人ならではの組み合わせが絶妙だったなと。

UA　トラックに彼の声を入れるのに抵抗がある気配も感じつつ、「いや、もう絶対入れてくれ」って口説き落として。本番のレコーディングでそのまま使えるぐらいの完成度のデモが届いたんですけど、自分のバンドで録った音に差し替えさせてもらって。「メロはＵＡが好きにやってくれ」って言ってくれたんで、メロと歌詞は同時に作ったんですけど。

染まってやる方が楽しいなと思ったんです。「なんか、いつものUAだな」ってなっちゃうのはつまらないかなぁと思って

──このリリックなら、彼が歌ってもすごくフィットしますよね。

UA やっぱり、影響を受けようと思ったんです、わざと。久々に彼の曲を聴いてみて、染まって歌詞を書きましたね。

──それを聞いて、すごく腑に落ちました。

UA 染まってやる方が楽しいなと思ったんです。「なんか、いつものUAだな」ってなっちゃうのはつまらないかなぁと思って。要するに、自分の作品って、ほっとくとPOPじゃないんですよ。だから、POPであるっていうことを常に超意識して作ってたんで。

──いかに自分色に染め上げるか？ってことをずっとやってきたUAさんが今その境地にいるって、すごくフレッシュですよ。あと、「お茶」！　これまた、歌詞がすごく深いですね。

UA （笑）最初は苦労しましたけど、（書き始めると）わりとスラスラっていう感じで書けましたね。アレンジは荒木正比呂くんをメインでフィーチュアして。元々は彼のデモに入っていた逆回転してるみたいなギターのフレーズを「あれ使いたい！」ってぱっと思いついたところから、アレンジの方向性が面白く見えてきて、もうディスコ・チューンになりました。

──この曲、いい意味での下世話感というか、一回りした「今」だなっていう感じがすごくしました。中村佳穂

さん作曲の「Honesty」も魅力的で、彼女は素晴らしいソングライターだなと改めて。

UA 最初のワンフレーズで「あ、中村佳穂!」って感じですよね。一緒にアレンジしてくれた君島大空くんのサポートもすごく大きくて。他の曲はゴージャスに音をレイヤーしてあるので、この曲はシンプルにまとめたんです。

――あと、岸田 繁さん作曲の「アイヲ」。こちらも岸田さん節が心地良くて。

UA これもギター1本のデモから、ちょっと練りましたね。あれこれやってるうちにぐるぐるっと成長して、ちょっとアグレッシヴなアレンジになりましたね。

――この曲はもちろん、全曲通しての印象ですけど、いろんなスパイスを使って下ごしらえしてるんだけど、口触りがすごく爽やかな料理という感じの仕上がりですよね。

UA もうまさしく、作り始めてからずっと「POPに!」って、言いまくってますから。もうこれは言ったからには本当にやんなきゃっていうぐらい徹底して、私ならではのPOPな音に落とし込んだ感じです。

「微熱」
発売中
〈ビクターエンタテインメント〉
※『Are U Romantic?』が5月25日に発売。

玉山鉄二

撮影　ロブ・ワルバース（UN＋PLUS＋UN inc.）　スタイリング　袴田能生（juice）
ヘア&メイクアップ　TAKÈ for DADACuBiC（3rd）　文　堂前茜

ジャケット（73,700yen）、シャツ（49,500yen）／共に、UJOH（M　tel.03-6721-0406）　ジャンプスーツ（82,500yen）
／Kazuki Nagayama（STUDIO FABWORK　tel.03-6438-9575）※全て税込

「必ずこうじゃなきゃいけない」という、自分の中の檻みたいなものを少しずつ取っていって、自分なりに自由に動けたらいいな、とはすごく感じますかつては名を馳せたカメラマンだった立花（玉山鉄二）、不本意な形で仕事がなくなってしまった元テレビマンの宮川（音尾琢真）、休職中の美容師・瀬戸（深川麻衣）、落ち目の芸人・会田（団長安田／安田大サーカス）。人生の苦境に立った人々を温かな眼差しで切り取った映画『今はちょっと、ついてないだけ』。玉山はそこで、「自分にできること」をひたすら実直にやるだけの、不器用な男性を演じた。過去と向き合い、未熟だった自分と対峙することは難しい。けれどいざその時が来た時、支えてくれるのは、他でもない、一歩一歩でも前へ進んできた、自分だけなのだ。派手さはない、大きな見せ場もないかもしれない。むしろ地味に、けれど丁寧に、玉山は立花という人間を作り上げ、人は幾つになっても立ち直れることを、生きていれば希望が生まれることを、教えてくれた。

演じることはすごく好きだけど、自分が消費されているだけだなと感じた瞬間、動けなくなっちゃう

――『今はちょっと、ついてないだけ』というタイトルだけでも響く人が多いのではないかな?と。

玉山 そうですね。やっぱり、コロナ前とコロナ後では大きく捉え方が変わってくるのかな、とは思います。誰しもかどうかは分からないけど、40代、50代の方が、新たなスタート、セカンド・スタートを切れるのかどうか?となった時、自分は果たして頑張れるのか? 向上心を持てるのか?など、考えるところは出てくると思うんです。歳を取れば取るほど、向上心を持つこと自体が面倒くさかったり、向上心が出ている自分をどこかで気持ち悪いと思っちゃったり。そういうのはすごく日本っぽい感じが僕はするんですけど、きっとありますよね。

――立花の変化の過程が、とても丁寧に描かれていました。細かいお芝居の積み重ねで、彼の印象が最後には大きく変わっていて。全体像や立花のキャラクター作りは、かなり綿密にされたのでしょうか?

玉山 彼は元々、有名な人間で、そこから脱落したという設定なので、過去の栄光……ではないけれど、そこから脱線してしまった自分と向き合うのが怖かったところもあったのではと思いました。だからこそ、挫折して以降の生活はすごく保守的な生き方をしていて、常に自分にスポットが当たらないように、道のど真ん中ではなく端を歩くような生き方をしてきた。それが、僕が演じている上での感覚でした。実際、歳を取ると、臆病になることはたくさんあるし、どこかで自分の技量も分かって、諦めがちというか、頑張れない人も、多いじゃないですか。特に日本の社会だとセカンド・チャンスが少なかったり、踏み絵を踏まされることが僕は多いと思うんですよね。同調圧力のようなものがあった時、同じように否定しないと、その人も否定されちゃうとか。そういうことを考えると、今の時代やコロナのことも相まって、考えをシフトできる一作になるのではと思います。

――元テレビマンの宮川が、母親への後悔などもあり、お酒に走ってしまいました。けれど彼はその後、自分のプライドなども捨てて、自分よりも歳下の立花の仕事を素直に手伝ったりと、再スタートを切りました。だけどああいう風なことをあの年齢でできる人って、実際はすごく少ないのではないか?と思うところもありました。

玉山 そうですね。40代、50代の方々の悩みを聞く機会や、それをシェアハウスの中で他人と共有する経験って、あまりないじゃないですか。だから正確には分からないけど、やっぱり、年齢がいけばいくほど、どこかで自分に対して諦める自分もいて、「話しても何も解決しないしょうがない」と勝手に思ってしまうことや、諦めるのが早くなっているところもあると思うんですね。自分も、そういう瞬間が多々ありますし、自分が子供の時や多感な時期に思い描いていた大人と、「なんかちょっと違うぞ」と思ったりすることもあります。

――やっぱりありますか。

玉山 あるある。あるし、子供の時に大人たちや親から「これはこうだよ」、「あれはああだよ」と、いわゆる〝良いモラル〟として教わったことが、大人になったら「どうやらちょっと違うぞ」と違和感を覚えたり。自分が大人たちから教わっていたことと、自分が大人になってからのことが、噛み合っていなかったりする。

――玉山さんご自身、役者を始められてからも、いろんなギャップがきっとあったはずですよね。

玉山 そうですね。僕は若い時に「こういう役者になりたい」というのがそもそもなかったんです。役者の表現とか、人の在り方って、無数にあるじゃないですか。なのに「目指す」のって、ちょっと違うというか、トゥー・マッチだなと思うことがすごくあって。「こうでありたい」とか「ああでありたい」は、結果論であって、構築していくものだと思うんです。役者としてインタヴューを受ける時に、「どうなりたいですか?」、「10年後、20年後、どうありたいですか?」と聞かれることが多いけれど、どういう作品が自分に回ってくるかも分からないし、どう

いう本（脚本）と出会うか、どういう人間と出会うかも分からない中でそれを聞かれるのは結構酷だなって、僕はいつも思っていました。作品によって、自分の人格が形成される部分も、多少ならず僕はあると思っているので。いろんな人を演じたからこそ、自分に対して新たな発見があったり、「俺でもこんなことあるんだ」とか「俺こんなこと考えているんだ」と見つめ直すこともある。だからか、普段、生活をしていて、ちゃんと自分と向き合わないと、自分っていう人格や自分の想いみたいなものをちゃんと確認しないと、自分でもよく分からなくなってくるな、と思うことはありますね。大人になってから、周りに対して、他人に対して、「こう見せなきゃいけない」ということに対して、よく分からなくなってしまうことってないですか？

――ありますね。

玉山　モラルのことも含めて。それがしんどいと思う人もいれば、自然と反射的にできる人もいれば、いろんな人がいると思いますけど、僕はそういう部分を、すごくしんどいと思っちゃうな。

――難しいですよね。それこそ年齢を重ねると、「こう見せないと」という自分の問題だけではなく、若い世代に何を見せられるか、何ができるか？といったことも出てくると思います。一方で若い人たちはＳＮＳというプラットフォームで自分の見せ方を知っていたり。だけどそこには、時に迷いや気負いもあるでしょうし。

玉山　僕はＳＮＳを一切やっていないんですけど……なぜ苦手かというと、そこのコミュニティの中で、自分がそう思っていないのにそうじゃなきゃいけない空気で生活しなければならない環境が、僕にはちょっと無理だなと思うことがあって。例えば普段、テレビや新聞を観たり読んだ時、よくよく考えてみると、「え、そうじゃなくない？」と思うことが多くて。上手く説明できないけど、なんか常に踏み絵を〝踏まされている〟感じがして、それが嫌だなと思う。演じることはすごく好きだけど、どこかで自分が消費されているだけだなと感じた瞬間、動けなくなっちゃう。だから、「必ずこうじゃなきゃいけない」というような、自分の中の檻みたいなものを、少しずつ取っていって、自分なりに自由に動けたらいいな、とはすごく感じますけどね。

――この映画の前半では、まさに立花は自分で自分を檻に閉じ込めているところがあるような気がしました。自分の力ではなく周りの人にお膳立てされて成功したという過去があるのも理由の1つと思いますが、玉山さんもご自分のキャリアを振り返った時、過大評価されていただけなのかなぁと振り返ったりすることはありますか？

玉山 そりゃありますし、そこがモチヴェーションになっていることもあるし。大前提として、やっぱりオファーをかけていただいた以上、期待値以上のことを毎回返さなきゃいけないと僕はいつも思っているんですけど、自分はそうでもなかったのに周りがすごく評価してくれたり、その逆もあるし。だから何というか、「あれ良かったよ」、「これ良かったよ」と言われても、僕の中ではあまりピンと来ないというか、そこまで響かなくて。自分の中で、たまたまできることとってあるじゃないですか。その理由付けをちゃんと自分の中で見つけ出したいんですよ。「こうだから、これは良かった」、その理屈がないと不安になっちゃうんです。役者という職業の方々でそういう風に思っている人は多いんじゃないかと思います。不安や臆病な部分と隣り合わせの職業だと思うので。だから真面目な人が多いし、自分とちゃんと見つめ合っている人が多いと思う。「たまたま売れた」と言われたり、「たまたま良かった」と言われても、やっぱりピンと来ないですよね。どうやったら自信を持てるか？と言ったら、自分で良かった理由、「自分がこうだったから高評価されたんだ」というプロセスとロジックを見つけ出さないと、自分の中では自信に変わっていかないんじゃないのかなって。

――いろんな役柄を演じられて来ましたけど、やっぱり玉山さんはどこか、"クールな"とか"男っぽい"とか"クセのある"みたいなイメージが根強いのではと思うところがあって。でも今回演じられた立花が、非常にしっくりきたというか。彼は非常に繊細な人物だと思うんですが、等身大で演じられているように見えました。

玉山　インタヴューを受けていても、カッコ良い役や二枚目とか、そういう役柄が多いと言われることが多いですね。僕が役者として怖いのはやはり――自分が老けていく、歳を取っていく中、本数をこなせばこなすほど、テクニカルな部分も分かってきて、与えられたものに対してセオリー通りに返してしまうことで。その恐怖は昔からすごくありました。セオリー通りに返すというのはベルトコンベアみたいなものなんです。ベルトコンベアに物を乗っけているみたいな感じ。だからこそ、役者である以上、自分がその場で何をすべきで、どうすればみんなが輝くか、この作品がより良くなるのか、そういったことをすごく考えるようになっていきました。

――監督の中には、まだ見ぬ玉山さんを引き出したいという人もいれば、「あの時のあの玉山さんの感じがまた見たいです」というような方もいると思います。セオリー通りのものが求められる、そういった時に、先程から何度か口にされていた、「踏み絵を踏むか、踏まないか」といったことにご自分の中でなるということですか？

玉山　でも僕はそういう時、性格が悪いかもしれないですけど（笑）、「分かりました」と言って、変えない。

――現場で、「いや、そうじゃなくて」と言われても？

玉山　はい、できないです。たぶん、納得して演じたいという願望があるのと、そうしたいなら納得させてよって思う。一番嫌なのは、そう見せるために、嘘をついて、（監督が求める）動きをさせるとか。そういうことをやられたら僕はすごく悲しくなるんです。例えば『全裸監督』とかは、そういう話ができる場があったんですよね。で、今回も、監督と綿密に話す時間がありました。監督はまた、この原作を愛しまくっているんですよ、本当に。それはもう、インする前から分かっていて。それだけ監督が愛している作品なんだったら絶対に良いものになってほしい、良いものにしたい、そういう想いはありました。

――そういう想いが映画の節々から感じられたように思います。ちょっと最後に、話が戻るのですが――玉山さんのように踏み絵を踏まずに来られた方もいれば、長い物に巻かれざるを得なかったり、周りとの軋轢が怖くて、踏んでしまう人もいると思います。そういった不本意な選択をしないためにはどうすればいいと思いますか？

玉山　僕が言うのもおこがましいですけど、でも思うのは、自分なりの理念や哲学みたいなものをちゃんと持っているか持っていないかで、その後の生き方は変わってくるんじゃないかな、ということで。そこは大事な気がします。僕、子供がいるんですけど、彼らなりの哲学、理念みたいなものをちゃんと持ってほしいな、と思っています。だからこそ教育って本当に大事だなと思いますし、僕はそこに尽きると思うんですよね。

――あとは一歩踏み出す勇気、でしょうかね。

玉山　そうですね！　長い物に巻かれる人生を選ぶのか、自分の主張を発揮する人生を選ぶのか？　そのどちらかっていうことじゃないですかね。

監督・脚本・編集／柴山健次
原作／『今はちょっと、ついてないだけ』伊吹有喜〈光文社文庫〉
出演／玉山鉄二、音尾琢真、深川麻衣、団長安田（安田大サーカス）／高橋和也、他
4月8日より全国公開

江口のりこ

映画にしろドラマにしろ、それぞれ現場に入れば学ぶことってあるんですけど、舞台で学ぶことって何もかもに結び付くという感じがするんです

撮影　熊谷勇樹　スタイリング　清水奈緒美
ヘア&メイクアップ　廣瀬瑠美　文　松坂愛

いつの時代も善と悪は揺らぎ、せめぎ合っている。江戸川乱歩の『お勢登場』の主人公である稀代の悪女・お勢（倉科カナ）をモチーフに、大正末期から昭和初期の混沌とした時代の目まぐるしい人間模様を描いた舞台『お勢、断行』。開幕の2日前、コロナ禍でやむなく全公演中止となってしまった2年前の台本を読みながらまず感じたのは、恐ろしいほどに人間の本質はいつ何時も変わらないのではないか、ということだった。2年前よりももっと、本作の核にあるテーマが胸にどっしりと響いてくる。本作で江口のりこが演じるのは、お勢が身を寄せる資産家・松成千代吉の屋敷の女中・仁村真澄。松成家の財産を奪い去ろうとする者たちの企てに巻き込まれながらも、ある種、器用に立ち回っていく人物だ。2年越しの上演が決定した今、江口は「2年前のことをあまり覚えていない」とハッキリと答えながらも、舞台への喜びを覗かせていた。

芝居がどうこうとか、演出がどうこうとかじゃなく。しょうもない話で笑える人というのは、そこにいるとすごく嬉しいです

――少し過去を遡りますが、江口さんは19歳の時に劇団東京乾電池に入団されて。当時の江口さんは、どんなきっかけからお芝居に興味を持たれたのだろう？と。

江口 当時、田舎で過ごしていたんですけど、学校が終わって家に帰ると、何もすることがなく、退屈だなと思っていて。それでテレビで映画なんかを観ていて、映画の世界って面白いな、いろんなことができるんだな、という想いになったのがきっかけです。どうやったら映画とかに関われるのかな？と思った時に、劇団というところに入れば俳優になれるんじゃないかなと思い付いて。で、当時観ていた日本映画によく柄本（明）さんが出ていたので、この人のいる劇団に入れば映画に関わることができるのかなと思って劇団に入りましたね。

――当時、特に強く興味を持ったのが映像だったのですか？

江口 うーん。外でドッジボールをするのも好きでしたよ。兄弟が多かったのもあって、外で遊んだりするのが大好きな子供で。大体、外で遊んでいましたね。

――今、キャリアを重ねる中で、お芝居への向き合い方に変化は出てきましたか？

江口 基本は変わらないんですけど、若い頃よりも芝居が怖いというか、前よりももっともっと、用心するようになったなと感じることがありますね。やればやるだけ、あぁ、難しいもんなんだなということに気付いていく。もちろん最初から難しい、というのは分かっているんだけど、あぁ、やっぱり難しいなと改めて感じるんです。やればやるだけ簡単になっていくようなものではないんだなと。

――2021年は、主演作が続いていた印象がありますが、ご自身としてはどのように感じていた1年でしたか？

江口 2021年は、1つの作品をどっぷりとやることができて、そういう意味では今までとは違った年だったかなという感じがしますね。1つのチームと長く過ごすというのは、面白くて楽しいもんだなと改めて思いました。共演者のこともスタッフさんのこともよく知ることができるし、そうするとそこでの芝居もやりやすくなっていくし、良いことってたくさんあるんだなと。居心地の良い時間を過ごしたなと思います。

――2022年も出演作がいくつか発表されていますが、5月からは舞台『お勢、断行』が上演されます。約2年前にゲネプロまでおこなったものの、コロナ禍の影響で上演中止となってしまった作品でもあって。ようやく、という想いがあったりするのかな？と。

江口 私としては、たった1回でも舞台の上でできたので、それはすごく嬉しかったんですよ。ゲネプロだったんですけども、1回だけでも劇場でできて良かったなという。それに毎日毎日、稽古場で過ごした日々というのも充実していたものでもあったから。中止になっちゃったけども、このカンパニーとこの演出家で良い時間を過ごせたなという想いがありましたね。

――今回の舞台に向けては、その時の記憶を引っ張り出すところから始まるのか、もう1回新たなものを作っていくという感覚なのか……どのように感じていらっしゃいますか？

江口 もう1回、最初からですね。実際、2年前のことをあまり覚えていないんです。たぶん、台本も少し変わると思うので、前回の台本は読み返さないで今回いただくものを読めばいいと思っていますし。ただ、具体的なことは覚えていないけれども、ゲネプロで芝居をして舞台袖にはけた時に、あぁ、上手くいかなかったな、次はこうしようとは思ったんですよね。あぁ、でも、次はもうないんやったんや、と。そんな風に上手くいかなかった

という想いだけは残っているので、また一からできるのは単純に嬉しいなと思っています。

――同じ作品とはいえ、一から作っていくという想いがあるのですね。

江口 はい。どの作品もそうだと思います。いくら再演といえども、台本が前と全然変わっていないにしても、前は前、今回は今回というか。ちゃんとそれなりの時間も与えてもらっていますし。だから前のことは置いておいて新たに、というところから始めるのがいいのかなと思っています。

――本作の中で江口さんが演じるのは、女中の仁村真澄という役で。まだ今回の台本があがっていない中ではありますが、現時点ではどのような人物だと捉えていますか？

江口 お手伝いさんなんですけど、損得で動く人間で、要領が良くずる賢い女の人ですね。

――物語のテーマとしては、それぞれの善と悪がせめぎ合いながら進んでいきます。今の時代も、例えば同じ事柄であったとしても、善と捉える人、悪と捉える人とそれぞれ違ったりすることもありますが、江口さんご自身はどのようにして見分けていくところがありますか？

江口 自分の心がざわざわするかしないかだと思いますね。何か悪いことをしたなと思うようだったら、それは悪いことだし。「人がそれはいけないことだよ」と言っても、私は悪いとは感じない、と思うんだったら、それはそれで悪くないことなのかもしれないなと。

――物語も、善なのか悪なのか、そもそもそれは誰が決めるのか、など色々と考えさせられるような内容でした。主人公の悪女・お勢も、自分自身のおこないはあくまで正しいと思っていたりして。

江口 そうでしたね。確かにそうでした。

――あと、物語の登場人物たちからは、それぞれが持つ疑り深い一面も見えてきて。そこも現代とリンクするところだなと感じました。江口さんは、人と人との関係性においては何を大事にしながら向き合っていらっしゃるところがありますか？

江口 私もすごく疑り深いというか、大体、大丈夫かな？というところから入るんですけれども。前回の『お勢、断行』の時もそうだったけど――稽古場って、日々、自分のやるべきことをやる場所であると思っているので、あまり共演者の方と深くコミュニケーションを取ったわけではなかったんですね。（六田梅次郎を演じる）梶原善さんとだけはやたらと車の話とかをしていましたけど、他の方とはあまり深くお話をしなかったんですよ。で、緊急事態宣言が出て「舞台が中止になりました」となった時に、一度、集まれる人、役者数人だけで、ゆっくりと話をすることになったんです。その時に初めてじっくり話して、あぁ、コミュニケーションって大事だなとすごく思ったんですよね。人って話さないと分からないな、もっと早くみんなと話しておけば良かったなと。なので、今回、再演できると聞いた時に、まず思ったのが、もうちょっとみんなと話そうということでした。

――その出来事は、他の作品にも影響していたりしますか？

江口 していないです（笑）。それはそれ、これはこれ。

――コミュニケーションを自ら取りに行くタイプではないといいますか。

江口 それが人によるんですよ、私。理由は分からないけど、むちゃくちゃ喋る人にはすごく喋るし、まったく喋れない人には全然喋れないですし。でも、全然喋っていなかった人と最終的に喋るようになったら、めちゃくちゃ面白いなこの人、ということってあったりするんですけどね。うーん、不思議ですよね。

――兄弟誌の『バァフアウト！』で、ドラマ『俺の家の話』の放送タイミング時に道枝駿佑（なにわ男子）さんにご取材させていただいた際、江口さんが本当にたくさん優しく話し掛けてくださるとおっしゃられていたなと思って。

江口 道枝くんはね、私の息子役だったから、仲良くしておいた方が芝居もしやすいという、そういうやらしい計算もありましたけど。けど、単純に話していても楽しかったですね。

――今回は「初めまして」より前回ご一緒した方々が多いと思いますし、稽古が始まってどう舞台が作られていくのかとても待ち遠しいです。

江口 楽しみです。というのも、この劇場（世田谷パブリックシアター）、すごく好きなので。ここに通って稽古できるということも、単純にすごく嬉しいですね。

――作・演出は、倉持 裕さんですが、演出家としてはどのような印象がありますか？

江口 倉持さんは、この作品以外にも舞台を一緒にやったことがあるのですが――すごく冷静な方ですよね。信頼できるし。倉持さんのこと、とても好きです。

――江口さんの中では舞台というのはどのような立ち位置にあるものですか？

江口 私にとっては、とっても大事なものですね。映画にしろドラマにしろ、それぞれ現場に入ればそこで学ぶことってあるんですけど、舞台で学ぶことって、映画もドラマも何もかもに結び付くという感じがするんです。なので、一番の大事な場所という気がしますね。映画は映画でドラマはドラマで大事なんですけどね。でも舞台は、全部が詰まっているように思います。

――4月からは、ドラマ『悪女（わる）～働くのがカッコ悪いなんて誰が言った？～』や『ソロ活女子のススメ2』も放送になりますが、忙しない日々が続いているような状況ではありますか？

江口 忙しなくはないですね。ドラマはドラマですごく楽しみですし。舞台は舞台で楽しみだし。その場所にいけば、面白い人がいるので。楽しみだなという気持ちの方が大きいかな。

――江口さんが面白いなと思う人は、具体的に言うとどのような方だったりしますか？

江口 どんな人かな。喋っていて、しょうもない話をして笑える人ですね。芝居がどうこうとか、演出がどうこうとかじゃなく。うん、しょうもない話で笑える人というのは、そこにいるとすごく嬉しいですね。

――最近の日々のちょっとした楽しみ、というと、どんなことがありますか？

江口 お風呂です。お風呂に入っている時は、幸せですね。

――最後に映画や音楽、本、漫画とか、最近触れたもので面白かったなと思う作品や、今、まさに興味があって手に取ろうとしているものがあれば教えてください。

江口 林 真理子さんに『奇跡』という本をいただいたんです。今はそれを読もうと思っていますね。

撮影：山添雄彦

『お勢、断行』
原案／江戸川乱歩
作・演出／倉持 裕
出演／倉科カナ、福本莉子、江口のりこ、池谷のぶえ、堀井新太、粕谷吉洋、千葉雅子、大空ゆうひ、正名僕蔵、梶原 善
5月11日より5月24日まで〈世田谷パブリックシアター〉にて上演。その他、兵庫、愛知、長野、福岡、島根公演あり

向井理

体力的な疲弊ではなく、俳優として
疲弊して枯れていってしまうのが
一番よくないなと思っていて

撮影　宮下祐介　スタイリング　外山由香里
ヘア&メイクアップ　園部タミ子　文　多田メラニー
ジャケット（173,800yen）、ニット（144,100yen）／共に、ゼニア
（ゼニアカスタマーサービス　tel.03-5114-5300）　※共に税込

キャリアを重ね取材対応にも慣れている人ならば、あえて求められているイメージに近い答えを提示したり、リップ・サーヴィスを盾に本音を隠すこともできるだろう。そのやり取りにはある種楽しさも存在するが、向井理の場合は謎の攻防戦をする必要もない程ストレートに、1つ問えば様々な視点から導き出した言葉を届けてくれるし、疑問が残ればとことん付き合ってくれる。主演する『先生のおとりよせ』の取材会には数十社もの媒体が集ったが、労を惜しまず取り組む姿勢は彼の創作活動とも通ずるように感じた。ドラマで演じるのは不愛想な官能小説家・榎村遥華。ソリの合わない漫画家・中田みるく(北村有起哉)とのちぐはぐな関係性がコミカルに描かれるが、向井の言葉を聞くほど、今作を筆頭に、俳優として新たな一面が打ち出されていくであろう未来への期待は高まるばかりだった。

見たことのないものを見たい欲求は常に持っているので、限られた環境ではありますが、できる範囲で多くの体験をしてみたいとは考えています

――今回の撮影は、かなりタイトなスケジューリングだったそうですね。

向井 ほぼ1ヶ月で12話分を一気に撮り切ったので、毎日撮影をしていた感じでした。もちろん台本を読み込んで、気になる箇所があれば調べていく作業は変わらないですが、今回は特に事前に作り込むよりも、現場に行って初めてのものに対してリアクションを取っていくことを意識していました。

――作品に入られる際には、調べた内容やファースト・インプレッションなどを台本のメモ欄に記入されると伺ったのですが、向井さんのルーティーンのようになっているのでしょうか？

向井 必ずしていますね。台本を読む時に感じたもの、疑問などもそうですが「もっとこういう風に演じたらいいのではないか」といったことを書いたり。ただ、その通りにはやらないですけどね。極端な話、どこでブレスを入れてということも書きます。長台詞の場合、文字を読んでいる人は字面で理解できますが、耳でしか入ってこない情報の中で文脈をちゃんと伝えるためには、どこでブレスを入れた方が伝わりやすいのかをすごく意識しています。今回の榎村役は台本などから受け取ったイメージだと、堅物というか、言葉のチョイスも小説家だからなのかあえて難しい言葉を選んでいるし、抑揚を付けずに早口で話す人ではないかと考えていたので、尚更ブレスを入れる位置によって意味合いが変化してしまう言葉もたくさんあるなと。なので、どこに（ブレスの）スラッシュを入れるかを考える作業は、たくさんしていました。役のイメージやキャラクター性は大事ですが、それだけをやっているとただの自己満足のお芝居になるので。観る方がちゃんと分かるようにすることは大前提としてあります

し――もちろん、おもねることをしてもしょうがないとは思いますが――お話として伝わらなければ意味がないからこそ、そこだけのエクスキューズは付けていかなければいけないなとは思っていました。

――榎村先生は弁が立つし理路整然と語るけれど、感情が昂った時は故郷の青森弁がふと出てしまったり、フェミニンで世話焼きなみるく先生とのやりとりの中で、根底にある人の良さみたいなものが顔を覗かせるところも魅力的です。この掲載号の発売日がちょうど初回放送ですが、1話以降はそういったコントラストがより深まってきますし、視聴者の皆さんはきっと榎村先生に翻弄され、ときめいてしまうだろうなぁと思いました。

向井（笑）嫌われちゃいけないと思うんですよね、こういうキャラクターって。口が悪いし、割とバサバサ相手を切り捨てていくんだけど、実は照れ隠しなだけだったり……どこか不器用な人なのだと僕は捉えています。そういう部分があえて出るように見せていければ、恐らく榎村は愛着のあるキャラクターになっていくんじゃないかなと思って演じていましたし。難しいところなんですけどね。ちゃんと感情が乗っかってノッキングする場所があったりだとか、〝生々しい間〟みたいなものは作りたいなと思っていました。

――ちなみに、榎村先生は執筆に集中するあまり部屋の片付けを疎かにしてしまう一面がありますが、向井さんは作品に入られる際や集中している時に生まれる隙、みたいなものはあるのでしょうか？

向井 仕事が忙しい時は家のことは何もできないですし、忘れ物がとにかく多いです。携帯を車に忘れることなんて日常茶飯事です（笑）。作品のことを常に考えていて、誰かと話をしながらも違うことに意識がいっているから、うっかり何かを忘れることが作品中は特に増えてくると思います。

――取りこぼしのないよう、リズムなども崩されないように生活をされているのかなと思っていました。

向井 作品が良くなることには直結しないだろうけど、考え続けることのすべては作品のためなので、それによって部屋が散らかっていたとしても気にしないというか。違う話をされても対応できないことはしょっちゅうなので、マネージャーさんには「ごめん、今言われても分かんない」とよく言っています（笑）。

——（笑）特にドラマはそうかと思いますが、限られた時間内に映像を収めるためには分かりやすい表現が優先されていくのかなと感じるところで——向井さんは近年の出演シーンが少ない作品に於いても、時に違和感を置いていったり、観ている者が後を引くようなお芝居をされている印象があります。例えば『はるヲうるひと』で演じた置屋に訪れる客・三田も出演は数分でしたが、笑みを浮かべながらさらりと残酷なことを言う強烈な役柄で。一瞬の出来事すぎて最初は戸惑ったのですが、後から怒りが襲ってきてダメージをじわじわと食らいました。

向井 あの作品は、監督をされた佐藤二朗さんとの関係性もあっての出演でしたが、二朗さんからは「悪気がないのが一番悪いから。一番残酷な役だからね」と言われていて。悪気のない常識がいかに人を傷付けるのかを考えた結果、あの台詞を思慮深く言うことは絶対にしちゃいけないと思ったし、「なんの引っかかりもない台詞にしてやろう」と思って。「これは大事な台詞なんだ」と意識した方が、逆にスベるんですよ。格好付けてるんじゃねえよってなるから。斬られたことが分からないくらい、相手をソフトに斬るっていう（笑）。彼の発言はもしかしたらマジョリティの声なのかもしれないですが、それがイコール差別に繋がることでもあるし、重く演じた途端に軽くなるんですよね。だからヴィジュアル的な面にしても、〝いかにも〟なこってりした顔の人ではなくて、僕みたいなタイプの人間がやるべきだったと思うし。

——なるほど。それから、キャラクターの浮かび上がらせ方として、個人的に思うのは……向井さんって2020年頃まではドキュメンタリー系のお仕事などで海外に行かれることが多かったじゃないですか。日本では考えられないような環境下での暮らしから出来上がる人間性だったり、生き死にの狭間にいるような人々の世界を

肌で感じてきて。そういった生の感覚を持っていらっしゃるからこそ、俳優として表出できるものも多いのかなと。

向井 表現の仕方は人それぞれでそこに優劣はないと思いますし、テクニックの面では長年やればやるほど、良くも悪くも垢が付くことで、お芝居はやりやすくなるとは思いますが……ただ、経験していないことを作品で経験し、演じたことのない役を毎回やるわけなので、その人が何を見てきたのか？というのはすごく大事ですよね。あと、僕が一番気を付けているのは、ちゃんと腑に落とすこと。例えばウクライナの状況をニュースで観ることは1つの経験になりますが、実体験ではないから腑に落とすことはできない。だけどそれを、あたかも目撃したかのように腑に落としていこうとするだけでも意味があると思います。普通に生きている人はなかなか理解し難いし、それがつまり平和ということだとも思いますが、僕は平和じゃない世界をたくさん見てきたからこそ、逆に日本に対して違和感があったりして。それは、今の状況を変えようといった話ではなくて……例えば撮影などでカンボジアに行った時、いつ地雷を踏んでもおかしくないところで生きている人々と出会って、そこから日本に帰ってきた時は「なぜこんなに平和なんだろう」と毎回感じていました。その感覚がお芝居に反映されるかは分からないけど、経験は人を変えていくものだし、その人のオリジナルになっていくのだと海外に行く度に思います。日本から出ると一番日本のことが分かるんですよね。それは、初めて『世界ウルルン滞在記』でカンボジアに行った時から思うことで。見たことのないものを見たい欲求は常に持っているので、限られた環境ではありますが、できる範囲で多くの体験をしてみたいなとは考えています。子供の行動1つにしてみても、自分の子供時代の記憶が薄れつつある今の僕にとっては非常に新鮮ですし、生き物として見た時も面白くて（笑）。子供を通して自分も追体験することで物事の見方が変わりますし、新しい体験って実はそこら中にあったんだなと気付かせてもらう部分も多いです。２０２０年でいうと、コロナでお芝居をする場がなくなってからは、もう一度演劇を勉強し直そうと思って、以前買った演劇の本を読み返すこともありました。そういう時間に充てられたことは、僕としてはプラスになったし収穫があったと思っています。

――近年のご出演作のラインナップを見ても、俳優・向井 理がいよいよ面白くなってきたなというか。30代後半、そして迎えた40代と道筋を作っていく上で、数ある選択肢の中からセレクトする際に意識されているのはどういうポイントなのでしょうか？

向井 そうだなぁ、総合的なことですね。仕事を選ぶといっても、僕はスケジュールを見て「物理的に無理じゃない？」と言うことはありますが、「この作品をやりたい」と自分で決めることはしません。大切なことは金銭的な部分ではないですし、脚本家さん、監督さん、年齢も性別も問わずに面白いと思えれば、それはそれで判断基準になると思うから……なんだろうな、今やるべきことなのか？ということもあるだろうし。それらのことを常に会社と話を進めながら決めています。作品の大きい小さいはこだわらず、とにかくやったことのないことをやりたいと思っています。ただ最近は少し忙しくて……インプットがなさすぎて、出ていくものばかりなんですよ。体力的な疲弊ではなく、俳優として疲弊して枯れていってしまうのが一番よくないなと思っていて。ちゃんと活力にできるような、演劇だったり作品を観ることが大事ですし、日々過ごしていると足りないものが必ず出てくるんですよね。だからなるべくニュースやドキュメンタリーを多く観るようにはしていますけど……選択の話に戻ると（笑）、この作品をやって、ここまできたからどうだということではないですし、作品との間には1つひとつ経緯があって全部違うので、自分の傾向みたいなものもなくて。唯一、共通しているのは全体を通してのバランスかな。

――そのバランスの取り方が、向井さんは非常に長けていらっしゃる印象です。

向井 僕の中で理想的だったのが、去年『華麗なる一族』でご一緒させていただいた、中井貴一さんのお仕事の選

び方で。貴一さんはコメディをやりつつ、ご自分で舞台をプロデュースなさったり、社会派もされていて、1つの作品の評価をあまり引きずらないというか、そこを置き去りにしてどんどん次へと移っていかれるのがとても素敵だなと感じました。いち俳優としても同じ時代に生きているならば、「絶対にこの時の貴一さんと一緒にやるべきだ」と思っていたので、『華麗なる一族』で近い距離感にいられたことはすごく幸せでしたし、得るものもたくさんありました。僕も『華麗なる一族』を経験したからこそ、テイスト的には対極にある『先生のおとりよせ』のような作品ができるし、（7月開幕予定の舞台）『ハリー・ポッターと呪いの子』もできるわけで。そういう意味では、〝世間一般のイメージ〟みたいなものに囚われずにいこう、というのはあるかもしれないです。

ドラマ25『先生のおとりよせ』
監督／守屋健太郎、本間利幸、保坂克己
原作／『先生のおとりよせ』中村明日美子・榎田ユウリ〈クロフネコミックス／リブレ〉
出演／向井 理、北村有起哉、橋本マナミ、神尾楓珠、財前直見、他
4月8日より〈テレビ東京〉他にて毎週金曜、深夜0時52分より放送

名球会、伝説の名選手たちの肖像

新井宏昌

対話&撮影　山崎二郎　文　吉里颯洋　編集協力　菊地伸明（未来サポート）

投手は200勝または250セーブ、打者は2000安打を記録した名選手が集う名球会。一握りのトップ・プレイヤーのインタヴュー連載。今回は1975年に南海ホークスに入団、1986年、近鉄バファローズに移籍。18年の現役生活で、通算2038安打を記録した新井宏昌選手にご登場いただいた。

バッティング・フォームをコーチの指導で変えたのは、現役の最後に在籍した近鉄バファローズで中西 太さんに指導された時のただの一度きりです

――新井選手の場合、ＰＬ学園時代からプロ入り後まで、バッティング・フォームは変わりなかったですか？

新井 アマチュア時代に、指導者の方からバッティングに関して「こうしなさい、こうした方がいいよ」とか、アドヴァイスされた記憶はないんですね。バッティング・フォームをコーチの指導で変えたのは、現役の最後に在籍した近鉄バファローズで中西 太さんに指導された時のただの一度きりです。

――ということは、ご自分で試行錯誤されて、バッティングを追求されてきたんですね。ところで、映像を見る限り、昨今の選手とは違って、新井選手はほとんど足を上げずに打っているように見受けられます。

新井 高校の時、「新井は膝の使い方が上手だ」って言われたことがあったんですね。バッティングで大事なことはタイミングなので、自分の場合、意識せずとも自然に、（足を上げるのではなく）右膝を使ってスムーズにタイミングが取れていたっていうことだと思うんです。それに加えて、緩急で攻められた時に右肩、右腰、右膝を開かずに、いわゆる「壁」を作ったり、泳ぎ過ぎず溜めて打つことができていたのも、右膝をうまく使えていたメリットかなと思います。

――プロ入りして最初のキャンプで、どんなところにプロの壁を感じましたか？

新井 さすがに「門田博光さんと外国人選手のパワーは別格だな。自分では太刀打ちできないな」と感じましたが、他の選手たちの動きを見て、「このレヴェルなら、自分でも一軍に行けるんじゃないかな」と感じたのは覚えてますね。

――1年目の1975年（昭和50年）から打席数こそ207ですが、打率．303を記録しています。

新井 当時は前期後期制の2シーズン制で、1年目は故障した先輩の穴埋めとして後期のオールスター明けから昇格した形でした。昇格した初日の太平洋クラブライオンズ戦で、いきなり一番で使っていただいたんです。ヴィジターゲームで先攻なので、ゲームの先頭バッターとして打席に入りますから、「さて、どうしようか？」と思うわけですよね。今のように選手個々の詳細なデータがない時代ですから、相手ピッチャーの東尾 修さんにしてみれば、「一番バッターの新人、こいつどんな奴や？」と言う感じで、簡単にストライクを取りに来た初球をセーフティバントしてセーフだったんです。ストライクが来て、イメージどおりのセーフティバントが成功したのも、運の良さがあればこそだったと思いますね。走塁に関して覚えているのは、入団当時、確かに代走専門の先輩から、「おまえ、足が速いよ」と言われたことがあって。19回盗塁をして1回だけ失敗した年があるんですが、実際は盗塁として記録された数の倍ほど、スタートは切ってるわけです。当時の南海ホークスは、ほとんどの選手にグリーンライトの権限を与えていて、チーム・トータルでの盗塁数は福本 豊さんのいる阪急ブレーブスよりも多かったんですよ。ただ、自分の場合、試合展開によっては盗塁を自重することも多かったですね。

――常にゲームの流れ、展開を俯瞰して読むというのは、若い時からそうでしたか？

新井 そうですね。近鉄バファローズに移籍してからは、ベンチからはノーサインで、二番の僕と一番の大石大二郎のコンビに（一番バッターが出塁した時の戦術を）任せてもらっていました。ですから、30歳を過ぎてからの野球は、「この場面で、どうしようか？」っていう状況判断こそが重要でした。ヒットエンドランやバスターエンドランがしたい時には、ベース・コーチのブロックサインの後に、僕の方から塁上の大石に「大ちゃん、走って」というサインを出していました。それ以外の単独スチールの時には、彼が主導でやってましたね。

——南海時代に話を戻しますが、2年目にして、110安打、打率．271を記録され、プロ生活のスタートは順風満帆な感じを受けます。自分はプロでやっていけるという自信、確信を感じたのはいつ頃でしたか？

新井「何とか一軍でやっていけそうだ」と思えたのは、規定打席に達した2年目ですね。ただ、その時点では、本当の意味でプロ意識はまだなくて、学生野球の延長というか、「他のことは何もせずに野球だけをして給料をいただけるなんて、ありがたいな」という感じでしたね。「真剣に野球に取り組めばいいことがあるんだ。それなら、もっと真剣にやったほうがいいな。頑張ってやらなきゃ」と思えたのは、阪急の加藤秀司さんとの首位打者争いをして1000万プレイヤーになれた時でしたね。

——5年目の1979（昭和54）年ですね。技術的に何かを掴んだとか、レヴェルアップしたところがあったんでしょうか？

新井 実は（躍進の鍵は）バットなんです。非力な自分は、それまではグリップエンドを少し余して握っていました。ただ、そうすると、握力がある方じゃないので、インパクトの瞬間の衝撃にグリップが緩んで、力のある打球は飛びにくくなるんです。そこで、当時、用具メーカーから提案された、長さが短く、グリップエンドが少し大きな「こけし型」のバットに切り替えてみるとしっくりきて。自分にフィットするように、さらにグリップエンドを半分に切ったんです。すると、バランスがヘッドに効くようになって、グリップいっぱいに握れるようになったんです。結果的にスイングが少し力強くなって、打球が外野に到達するスピードも上がったんですね。ですから、スイングそのものを変えたわけではなく、より自分にフィットするバットに出会えたことで、成績が向上したというのが事実です。

——その当時、どんなバッティング練習をされていたんでしょうか？

新井 1人で延々と、長時間打つような練習は嫌いなんですよ。ちょっと疲れてくるし、惰性になりがちですから。コーチをしている時もそうなんですけど、5本で（打つのを）代わる。球の速さは全然違う打撃投手のボールでも、気持ちはゲームのつもりで真剣に打つ。それで打った打球を見て、「あ、この感じで、この捉え方をすると、野手のいないところに飛ぶのかな？」という感じで、しっかりミート・ポイントを把握しておくことが大切なんです。それをしておけば、相手の守備陣にいかなるシフトを取られても、気にならなくなる。それが自分のバッティング練習のスタイルでした。さらに言うと、「絶対に、逆方向へは打球を上げない。低い打球を打ち返す」という意識づけをおこなっていました。打球を上げてしまうと、我々のように非力な選手は外野手の頭をなかなか超えないですから。ホームベースの中心より外に来るボールはピッチャーよりも左、レフト方面にいい打球、強い打球を飛ばすことを考えて打撃練習をしていたんです。自分は、「流し打ち」って表現が嫌いなんです。自分の場合、逆方向へは「流す」のではなく、「逆方向へ（強く）打っている」という意識でした。

――スイング軌道をインサイド・アウトにするために、どんな練習で意識づけをおこなっていたんでしょうか？

新井 「向かってくるボールの内側に見えている縫い目のところに、バットの芯を入れていく」というイメージですね。近目のボールでもミート・ポイントを前にしてここにバットを内側に入れていけば、ファウルにならずにライト・オーヴァーになるわけですよね。コンタクトのポイントがボールの縫い目の外側に来ると、ファウルになりますね。そういう感じで日頃から意識をして、大事なのはボールを外側から捕まえないことですね。常に、内から内からバットをボールに入れていくということを心掛けてました。

加藤秀司さんと首位打者を争った時の手応えが「俺は、.358を打ったことがある」という形で、自信になっていたんじゃないかなと思いますね

――近鉄移籍後の中西太コーチとの出会いは、その後の打棒復活にどのように作用したのでしょうか?

新井　バッティングを教わったことがなかった自分が、中西さんに教えていただいたことをやってみようという気持ちになれたんですよね。それまでは非力なせいもあって、「もっと力を出さなきゃ、バットにパワーを乗せなきゃ」という思考に陥りがちだったんです。ところが中西さんの教えは、「相手の球の力を利用して打ちなさい。相手ピッチャーのボールが強ければ強いほど、良いポイントで捉えさえすれば、バットに強く反発して飛距離も出るんだ。右肩を(キャッチャー寄りに)入れ過ぎると開きにつながるので、逆にもっと開いた状態からボールを見たら、いいコンタクトになるよ」ということだったんです。教えどおり、あえてオープン気味に構えると、ボールの軌道がメジャーで言うところのフロントドアのような感じになって、よりバットをボールの内側から入れやすく、自然にスイング軌道がインサイド・アウトになりましたね。さらに言うなら、結果が出たのは、気持ちの面も大きかったと思いますね。32歳でのトレードで結果がダメなら選手生命も終わりですから、「マイホームのローンも残っているので少しでも長くプレイしたい」という気持ちと「力んでも仕方がない」という開き直りの気持ちの両方がありました。

――1992(平成4)年、現役最終年に2000本安打を達成され、現役を退かれました。前年には打率.309を記録され、余力を残したこのタイミングでの引退は唐突に感じました。

新井　実はその年、映像関係の仕事をしていた大学の同級生が自分のドキュメントを撮ってくれることになり、

全国の遠征先まで追いかけてカメラを回していたんです。「早く２０００本安打を打たなきゃ、取材の経費がかかって仕方がないだろう」っていう想いが焦りにつながったところはありましたね。で、達成してしばらくしてから、球団から「球団としては、君と来季の選手契約をする意向はないがコーチのポストは用意する」と言われましたが、「辞めてすぐに指導者にはなりませんので、それは結構です」とご辞退しました。ただ、実際、自分で「辞めなきゃいけないな」と思う材料もあったんです。過去にはなかったことですが、追い込まれてから、1試合で2回ほど、まっすぐのストライクを空を切るような空振りで三振することがあったんです。元々、空振りが少ない自分がまっすぐのストライクを振りにいって、バットに当たらないっていうのは想定外の出来事で、「あ、これは辞めなきゃいけないのかな?」という考えがよぎりました。引退の前年までは1試合に複数の三振したのは通算10回もなかったにも関わらず、最終年は1試合３三振したゲームが2回ぐらいありましたから、結局、現役引退という決断に至りました。確か、最後の打席も、ツーベースだったか、ヒットを打って終わったのかな? プロ入り初打席、最終打席ともヒットを打てたのは良かったかなと思いますね。

――18年の現役生活を振り返って、ご自分のベスト・シーズンを選ぶとしたら、いつになりますか?

新井 やはり、首位打者を獲った１９８７(昭和62)年になりますね。

――この年、例年と違うバッティングの感覚はありましたか?

新井 どうなんですかね。やっぱり、運が良かったと思うんですよね。例えば、いきなり2ストライクと追い込まれて、「この打席ヤバいな」と思ったら甘いストライクが来たり、「やけに簡単にヒットが出るな」と思うこともあったりしましたから。思えば、加藤秀司さんと首位打者を争った時の手応えが「俺は、・３５８を打ったことがある」という形で、自信になっていたんじゃないかなと思いますね。

指導したことを実行してくれて結果を出してくれれば嬉しいし、ありがたいなと思いますよね

――ところで、新井選手と言えば、名コーチとしてのキャリアもお持ちです。選手を指導していく中で教え子がスムーズに結果を出すのはなかなか難しいかとは思いますが、コーチとしての日常の中で教える喜びをどこに見出していたのでしょうか？

新井 日頃やかましく言っていることを選手がちゃんと実行してくれて、選手が結果を出して自信をつけてくれる。それが一番ですね。例えば、右バッターに「逆方向へ低く打てよ、低く打てよ」とさんざん言い聞かせて、最初の打席ではライトフライ、次の打席では低く打てて、1、2塁間をゴロで抜いてタイムリー・ヒットになったとなれば、「ほれ見てみろ。低く打ったら結果は出るやろ」と念押しをして。納得した選手から「そうですね」と言葉が返ってきた時には嬉しいですよね。「いい感じで捉えても、捕られてるやろ。そこそこの当たりを打ったって結果として出なきゃ何にもならないわけだから、気分悪くないか？（結果が欲しければ）低く打つ練習をした方がいいんじゃない？」って選手たちには言うんですけどね。ティーバッティングの際には、僕がトスを上げるわけですけど、「このコースはここへ飛ばす」というイメージどおりに打球が飛んでいればスイングの軌道もいいという考え方で指導していました。現実派なので、こちらとしては「実践的な練習を積んでいれば、ゲームで何も変えることはないよ。練習と同じことがゲームでもできるなら、結果は出るよ」と言いたいわけですよね。

――新井選手の「自ら考え、創意工夫と試行錯誤を繰り返していく」という独立独歩的な野球へのスタンスは、教え子でもあるイチロー選手の野球観にも繋がっていくように感じました。

新井　彼は嬉しいことを言ってくれるんですよ。「新井さんの言ってることが分からないようなら、その選手はダメですよね」と。他の教え子で言えば、丸佳浩も石井琢朗の熱心な指導もあっていい選手になりましたけど、自分の指導したことを実行してくれて結果を出してくれれば嬉しいし、ありがたいなと思いますよね。コーチとしてイチローに出会えたことは、長くこの仕事をさせてもらえたきっかけでもあると思います。

――よく語られることですが、イチロー選手にしてみても、新井コーチとの出会いは必然の流れで、ベストなタイミングだった気がします。

新井　イチローのレヴェルになると、僕が何を教えたということはないんですけどね（笑）。

新井宏昌（あらいひろまさ）／大阪府出身。１９５２（昭和27）年４月26日生まれ。１９７４（昭和49）年、ドラフト２位で法政大学から南海ホークスに入団。現役生活18年で、２０３８安打、88本塁打、６８０打点を記録。試合展開に応じたシュアなバッティングに加え、３００犠打、１６５盗塁を達成した俊足巧打の外野手。２年目の１９７６（昭和51）年に初の規定打席に達し、１９７９（昭和54）年、打率.３５８で加藤秀司に次ぐ打率２位を記録、ベストナインに初めて選出された。１９８５（昭和60）年、近鉄バファローズに移籍。１９８７（昭和62）年には、打率.３６６・安打数１８４本で初の首位打者を獲得。１９９２（平成４）年、２０００本安打を達成。同年、現役引退。野球評論家を経て、オリックスブルーウェーブ（バファローズ）、福岡ダイエー（ソフトバンク）ホークス、広島東洋カープなど、多くの球団でバッティングコーチ、二軍監督などを務めた。

REVIEW by STEPPIN'OUT! editors

BOOK

『「シティポップの基本」がこの 100 枚でわかる！』
栗本 斉

世界を席巻するシティポップ再評価。ディスクガイド本も続々刊行の中、今書は 1 アルバム 2 ページで紹介する読みやすさ。シティポップを「メロウでアーバンでグルーヴを感じさせる」と定義し、70、80 年代だけでなく、90 年代以降もフォローしているところに意義を感じ、その定義が、その時代だけに生まれたものでなく、普遍的な感覚であることを明示しているから。（山崎）

『「シティポップの基本」がこの 100 枚でわかる！』栗本 斉
発売中
〈星海社〉

Blu-ray & DVD

『コイズミエキシビション～コンプリートビジュアルベスト 1982-2022 ～』小泉今日子

今年デビュー 40 周年を迎え、嬉しいリリースがいくつも。デジタル・アップ・コンバート映像とリマスタリング音源の全ミュージック・ヴィデオ集。初回限定盤には、未発表含むライヴ映像に、デビュー当時の『ドキュメント～走りつづけるミスヒーロー今日子～』付き。当時の写真、本人インタヴューに加えて、関わったクリエイター・インタヴュー収録の大型ヴィジュアル・ブックも付属。（山崎）

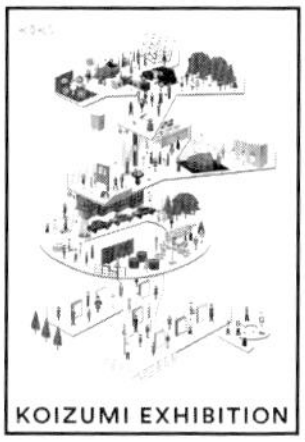

『コイズミエキシビション～コンプリートビジュアルベスト 1982-2022 ～』
小泉今日子
発売中
〈ビクターエンタテインメント〉

STAGE

オフ・ブロードウェイ・ミュージカル
『Forever Plaid《フォーエヴァー・プラッド》』

夢にまでみたビッグ・ショーへと向かう道中、交通事故に見舞われたコーラス・グループの Forever Plaid。だが、幸か不幸か一晩限りのチャンスを与えられた 4 人は再び地上へと舞い戻り、ショーを成功させるべく歌い始める──キャストは初演時からのメンバー・川平慈英、長野 博、松岡 充、鈴木壮麻。役さながらに音楽に情熱を注いできた同志のような 4 人が、ついにファイナル・ステージへと挑む。（多田）

オフ・ブロードウェイ・ミュージカル
『Forever Plaid』
作／スチュワート・ロス
演出／板垣恭一
出演／川平慈英、長野 博、松岡 充、鈴木壮麻、ジョン・カビラ（ナレーション）
5 月 14 日～ 5 月 31 日〈よみうり大手町ホール〉他、神奈川、宮城、山形、大阪、広島、久留米、金沢、愛知、東京凱旋と巡演予定

REVIEW by STEPPIN'OUT! editors

MUSIC

『あわい』KUDANZ

フォーク・ミュージックをベースに置く、ササキゲン(V&G)によるソロ・プロジェクト、KUDANZの5年振りのフル・アルバムは6人による合奏形態。全9曲のうち5曲が一発録りという本作は、揺らぎや息づかいがダイレクトに染み入ってくる。"あわい"という言葉を、心の中に忍ばせながら聴きたい。〈痛癪持ちが集まって〉という歌い出しの「仕事」など、頭の中に残る歌詞のセンスもピカイチ。(松坂)

『あわい』KUDANZ
発売中
〈funny easel〉

MUSIC

『ユーミンをめぐる物語』JUJU

敬愛する松任谷由実の楽曲を、なんと！　松任谷正隆・松任谷由実プロデュースで歌われるという聴きたかったアルバムが実現。「守ってあげたい」、「卒業写真」といった代表曲に、「影になって」、「TYPHOON」、「街角のペシャワール」といった、アルバムのみ収録曲を選曲するのが流石。新録音曲「鍵穴」も聴けるご褒美も！　5月からは全国43公演ライヴも開催。(山崎)

『ユーミンをめぐる物語』
JUJU
発売中
〈ソニー・ミュージックレーベルズ〉

MUSIC

『LAST TOUR AROUND JAPAN YUTAKA OZAKI』尾崎 豊

これまで、ツアー初日の横浜と、郡山、最終日の東京の音源が発表されていたが、今回、全国55公演の中からベスト・テイクがセレクトされた音源がリリース。歌う箇所を間違えたり、リラックスしたMCが聴けたりするのが貴重。とかく10代の作品が注目されがちだが、このロングランのツアーを通して、20代の立ち位置をハッキリと形作っていったことが、充実した演奏から感じ取れる。(山崎)

『LAST TOUR AROUND JAPAN YUTAKA OZAKI』尾崎 豊
発売中
〈ソニー・ミュージックレーベルズ〉

REVIEW by STEPPIN'OUT! editors

MOVIE

『TITANE ／チタン』

『第 74 回カンヌ国際映画祭』でパルムドールを受賞した圧巻の怪作。交通事故により頭蓋骨にチタンプレートを埋め込まれたアレクシアは車に異常な執着心を抱き、危険な衝動と憤りに駆られ“生きながらえて”きたが、ある人物との出会いから、初めての感情を覚え始める――観る者にも共有する暴力は痛くて本当に堪らないが、終わりが見えてくるに従い、これは“愛”についての物語だと知る。（堂前）

『TITANE ／チタン』
監督／ジュリア・デュクルノー
出演／ヴァンサン・ランドン、アガト・ルセル、他
4 月 1 日より〈新宿バルト 9〉他、全国公開

MOVIE

『カモン カモン』

主人公のラジオ・ジャーナリスト、ジョニーがアメリカ各地で取材した子供たちのリアルな“声”からは、人生や世界についての展望と大人への容赦ない示唆が。ジョニーと彼が預かることになった 9 歳の甥っ子、ジェシーとの関係からは、他者（と子供）と意思疎通することの尊さと温もりが。それら全て、我々への問いかけだ。非常に詩的であり、精神の回復にも有効な、ミルズ監督の最高傑作。（堂前）

『カモン カモン』
監督・脚本／マイク・ミルズ
出演／ホアキン・フェニックス、ウディ・ノーマン、ギャビー・ホフマン、モリー・ウェブスター、ジャブーキー・ヤング＝ホワイト、他
4 月 22 日より〈TOHO シネマズ日比谷〉他、全国公開

NEW OPEN

『ミカン下北』

下北沢駅の高架下に複合施設「ミカン下北」がオープン。「遊ぶように働く」をコンセプトに、物販店や飲食店が並ぶ商業エリアと、コワーキング・スペースやシェア・オフィスといったワークプレイスが同居し、“未完の街”下北沢の新しい姿を体現する施設となっている。個人的な注目はシェア・ラウンジを併設した〈TSUTAYA BOOKSTORE〉と、本格点心と台湾料理の〈ダパイダン 105〉。（賀国）

提供：京王電鉄
『ミカン下北』
※ B 街区は 2022 年夏開業予定

BACK NUMBER

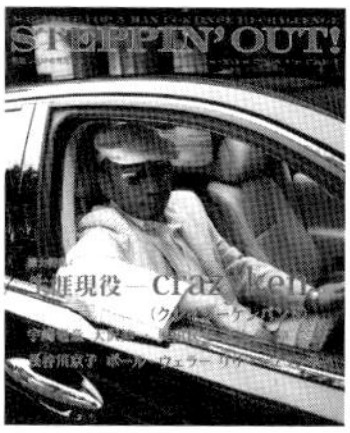

STEPPIN'OUT!
WINTER 2008
VOL.1 1,000円（税抜）
COVER STORY /
横山 剣（クレイジーケンバンド）
宇崎竜童、大沢伸一、奥田民生、辻 仁成、童子-T、長谷川京子、ポール・ウェラー、リリー・フランキー

STEPPIN'OUT!
SPRING 2009
VOL.2 952円（税抜）
COVER STORY /
松任谷由実
吉井和哉、紀里谷和明、工藤公康（横浜ベイスターズ）、辻 仁成、冨田恵一、ムッシュかまやつ、横山 剣（クレイジーケンバンド）

STEPPIN'OUT!
SUMMER 2009
VOL.3 1,238円（税抜）
COVER STORY /
矢沢永吉
ウィル・アイ・アム（ブラック・アイド・ピーズ）、工藤公康（横浜ベイスターズ）、竹中直人、小宮山 悟（千葉ロッテマリーンズ）、紀里谷和明、石井琢朗（広島東洋カープ）

STEPPIN'OUT!
WINTER 2010
VOL.4 1,429円（税抜）
COVER STORY /
鈴木雅之
大瀧詠一、小林和之（EPICレコードジャパン代表取締役）、田代まさし、丹羽昭男（エス・エス・エスシブヤ楽器代表取締役）、槇原敬之、山口隆二（元〈ルイード〉代表取締役）、湯川れい子、浅野忠信、小久保裕紀（福岡ソフトバンクホークス）、辻仁成、トム・フォード、パッキー井上、本木雅弘、山崎武司（東北楽天イーグルス）

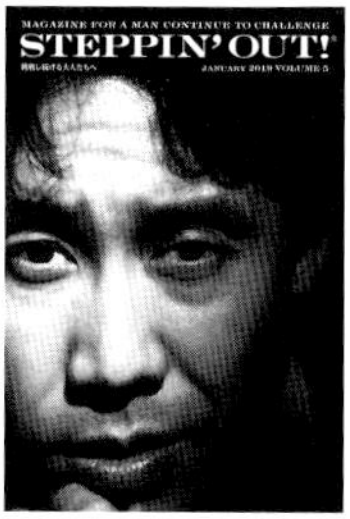

STEPPIN'OUT!
JANUARY 2019
VOL.5 1,200円（税抜）
COVER STORY /
大泉 洋
渡部えり、時任三郎、SHERBETS、小宮山 悟、遠藤憲一、中村紀洋、古田新太、新羅慎二（若旦那）、塚本晋也
STEPPIN'OUT! presents Movilist ムーヴィリストというライフスタイル～福岡・上五島編 BLACK & WHITE MEMORIES OF TURKEY by 永瀬正敏

STEPPIN'OUT!
MARCH 2019
VOL.6 1,200円（税抜）
COVER STORY /
安田 顕
奥田瑛二、三上博史、香川照之、永瀬正敏、藤倉 尚、大森南朋、安藤政信、鈴木尚広
STEPPIN'OUT! presents Movilist
ムーヴィリスト、冬の長崎～熊本を移動し、愉しむ

STEPPIN'OUT!
JUNE 2019
VOL.7 980円（税抜）
COVER STORY /
スガ シカオ
滝藤賢一、谷中 敦（東京スカパラダイスオーケストラ）、原 恵一、亀田誠治、SODA！、上川隆也、長谷川京子

STEPPIN'OUT!
AUGUST 2019
VOL.8 980円（税抜）
COVER STORY /
三上博史
高橋源一郎、近田春夫、宮沢和史、ノーマン・リーダス、武田大作、多村仁志
STEPPIN'OUT! presents Movilist
ムーヴィリスト、尾道、会津、松山を往く、ムーヴィリスト、金沢を往く

STEPPIN'OUT!
OCTOBER 2019
VOL.9 980円（税抜）

COVER STORY /
オダギリ ジョー

橋爪 功、北大路欣也、柄本 明、舘ひろし、横山 剣（クレイジーケンバンド）、中井貴一、唐沢寿明、吹越 満、沢村一樹、渡部篤郎

STEPPIN'OUT! presents Movilist
ムーヴィリスト、北海道を往く featuring 広瀬すず

STEPPIN'OUT!
DECEMBER 2019
VOL.10 980円（税抜）

COVER STORY /
佐野元春

瀬々敬久、松重 豊、松尾スズキ、仲村トオル、坂井真紀、西島秀俊、白石和彌、窪塚洋介

STEPPIN'OUT! presents Movilist
ムーヴィリスト、東山、富良野、稚内、沖永良部島を往く

STEPPIN'OUT!
FEBRUARY 2020
VOL.11 980円（税抜）

COVER STORY /
久保田利伸

市村正親、江口洋介、大沢たかお、藤木直人、永野

STEPPIN'OUT! presents Movilist
ムーヴィリスト、沖縄・西表島、竹富島を往く、星野佳路（星野リゾート代表）

STEPPIN'OUT!
APRIL 2020
VOL.12 600円（税抜）

COVER STORY /
東山紀之

寺脇康文、永瀬正敏、織田裕二、吉田栄作、大泉 洋×小池栄子

STEPPIN'OUT! presents Movilist
ムーヴィリスト、冬の青森を往く

STEPPIN'OUT!
JUNE 2020
VOL.13 600円（税抜）

COVER STORY /
岡田准一

ASKA、石橋蓮司、伊東輝悦、田中 泯、玉木 宏、常盤貴子

STEPPIN'OUT!presents Movilist
ムーヴィリスト、初春の松江、出雲を往く

STEPPIN'OUT!
OCTOBER 2020
VOL.14 600円（税抜）

COVER STORY /
妻夫木 聡

岡本健一、緒川たまき、窪塚洋介、小泉今日子、豊原功補、仲間由紀恵、行定 勲

STEPPIN'OUT! presents Movilist
鈴木理策、佐久間由衣、ムーヴィリスト、那須高原を往く

STEPPIN'OUT!
DECEMBER 2020
VOL.15 600円（税抜）

COVER STORY /
堤 真一

黒沢 清×蒼井 優、升 毅、豊原功補、小泉今日子、中村獅童、井浦 新

STEPPIN'OUT! presents Movilist
佐久間由衣、星野佳路（星野リゾート代表）、ムーヴィリスト、金沢を往く

STEPPIN'OUT!
FEBRUARY 2021
VOL.16 600円（税抜）

COVER STORY /
東山紀之

木﨑賢治、横山 剣（クレイジーケンバンド）、鈴木保奈美、トータス松本、吉田 羊

STEPPIN'OUT! presents Movilist
ムーヴィリスト、11月の軽井沢を往く

STEPPIN'OUT!
APRIL 2021
VOL.17 600円（税抜）

COVER STORY /
役所広司

宇崎竜童、草刈正雄、坂本昌行、西川美和、菅野美穂、峯田和伸、広末涼子

STEPPIN'OUT! presents Movilist
ムーヴィリスト、冬の沖縄、小浜島を往く

STEPPIN'OUT!
JUNE 2021
VOL.18 600円（税抜）

COVER STORY /
江口洋介

きたろう、竹中直人×山田孝之×齊藤工、田口トモロヲ×松重 豊×光石 研×遠藤憲一、竹野内 豊

STEPPIN'OUT! presents Movilist
ムーヴィリスト、冬の京都を往く

BACK NUMBER

STEPPIN'OUT!
AUGUST 2021
VOL.19 600円（税抜）
COVER STORY /
柚希礼音
茂木欣一、西田尚美×市川実和子、高岡早紀、秋山竜次（ロバート）、HIRO KIMURA

STEPPIN'OUT!
OCTOBER 2021
VOL.20 600円（税抜）
COVER STORY /
オダギリ ジョー
沢口靖子、仲村トオル、永瀬正敏、武田真治、吉瀬美智子、ムロツヨシ

STEPPIN'OUT!
DECEMBER 2021
VOL.21 600円（税抜）
COVER STORY /
西島秀俊×内野聖陽
草笛光子、岩城滉一、杉本哲太、津田寛治、渡部篤郎、大倉孝二

STEPPIN'OUT!
FEBRURARY 2022
VOL.22 600円（税抜）
COVER STORY /
米倉涼子
高橋一生、杉本哲太、大沢伸一（Mondo Grosso）、大塚寧々、安田顕、柚希礼音、大谷亮平

STEPPIN'OUT!
APRIL 2022
VOL.23 600円（税抜）
COVER STORY /
三宅 健
市川実日子、鹿賀丈史、スガ シカオ、沖野修也（Kyoto Jazz Massive）、佐々木蔵之介、小澤征悦、新羅慎二（若旦那）、山本耕史、青木崇高

Movilist ACTION 1
980円（税抜）
COVER STORY /
1984年と2014年。『VISITORS』から『MOVILIST』へ。佐野元春と往くニューヨーク
波瑠、大谷健太郎、安藤美冬、木村文乃、江口研一、大沢伸一、若旦那、他 ESSAY / 江 弘毅、谷中 敦（東京スカパラダイスオーケストラ）

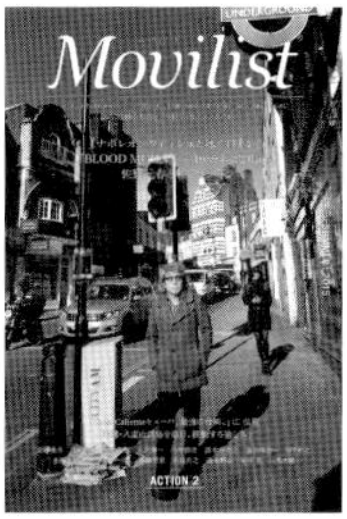

Movilist ACTION 2
980円（税抜）
COVER STORY /
『ナポレオンフィッシュと泳ぐ日』から『BLOOD MOON』へ。1989年と2015年。
佐野元春と往くロンドン
江 弘毅、山崎二郎、佐々部 清、市川紗椰、今井美樹、安藤美冬、江口研一、永瀬沙代

Movilist ACTION 3
980円（税抜）
COVER STORY /
A Treasure Found in Iriomote Island, Okinawa 柚希礼音、沖縄・西表島で休暇を過ごす
波瑠、大谷健太郎、笹久保 伸、タクシー・サウダージ、山崎二郎、木村文乃、永瀬正敏、本田直之

ター、コンビニ、書店が並ぶ。ふと思う。それだけがあれば、とりあえず生活に困らないだろうと。〈アマゾン〉も届くとのことだし。ホテルのスタッフに尋ねたら、困るのは家電、家具。島は配送外とのことで、これらだけは買って、持ってくるしかないとのこと。

3月10日　木曜日　盛岡

コンサートだけのために来たので、忙しいし一泊で帰ろうと思ったが、やはり、もう一泊してみた。今回も、2日目、北のこの地の空気に馴染んでいく時間が何より愛おしい。今回、川が眺められるホテルが心地良く、部屋でも仕事がはかどる。ホテルすぐそばの北上川の開運橋たもとにカフェを発見。〈CAFE LAube〉。これがまた、すごく心地良い。リバーサイドのカフェ大好きゆえ。コーヒーも美味しい。旅先でいいカフェに出会えたなら、その旅は成功したも同然だ。

3月14日　月曜日　東京⇄会津田島

原稿締め切りに追い込まれて、最後の手段。北千住から〈東武スカイツリー線〉で「特急リバティ」に乗り、原稿を書く。移動中にアイデアが湧くムーヴィリストならでは。シートはゆったりして、Wi-Fiも飛んでいて、トイレもウォシュレットゆえ（笑）、むしろ快適空間。今日も乗った瞬間からスイッチが入る。全然、書けなかった原稿が書ける。普段、編集長として、企画確認、校正、部数決定など、自分のことをおこなうことになかなか集中できないことも大きくてと、言い訳。鬼怒川温泉を越えると一気に乗客はいなくなる。ここから〈野岩鉄道〉路線に入り、しばらくして〈会津鉄道〉路線に入ると、雪景色に変わる。このダイナミクスこそ醍醐味。コーヒーとカステラで糖分補給して書く。会津田島駅に着く。帰りの発車まで1時間。座りっぱなしゆえ、駅周辺を歩く。とても静か。15時、浅草行き発。原稿終わる。で、自分なりの移住、二拠点、多拠点生活を考えてみる。さすがに雑誌やめての移住は無理（笑）。信藤三雄さんのような二拠点生活はどうだろう？　東京ともう1つ。どこだろう？　こちらもさすがに東京との移動がアクセスが良くなかったり、時間がかかったりするのは現実的に無理。ただ1つ。ヴィジュアルが浮かんだのが住居。128～129ページにて、早乙女道春さんに描いていただいた平屋だ。当然、周りは静かで他の住居が立て込んでない自然が好ましい。要は東京でできないことということか。海か山か？という選択だと、山。ベストは川が近くにあったらいいな。まぁ、こんなところからはじめてみようではないか。

ムーヴィリストという
ライフスタイル

文　山崎二郎

2月24日　木曜日　東京

目的地の観光地を回るだけでなく、飛行機やクルマ、電車、バスなどの移動時間も含めてが旅。むしろ、流れゆく景色を見やりながら、思考を巡らせ、とびっきりのアイデアが浮かぶ移動時間こそ、何より掛け替えのないこと。移動を含めて、いや、移動をメインにした旅のスタイル。予期せぬことが起きることをむしろ歓迎する旅のスタイル。それを、「Tourist（ツーリスト）」ならぬ、Move 移動する人で「Movilist（ムーヴィリスト）」と名付け、これまで提唱してきた。が、コロナ禍で移動がままならなくなりステイ・ホーム。それが、こんな状況ゆえに、以前から少しずつ増えてきた移住、二拠点、多拠点生活が、テレワーク推奨も相まって一挙に増えた。また、都市でのライフスタイル自体を見直し、地方でマイペースに暮らすことも新しい価値観として確立しつつある。ならば、そんな移住、二拠点、多拠点生活者もムーヴィリストとして位置付けてみたい。そもそも、自分自身が、コロナ禍以前から、漠然と考えていたことであるから。

3月2日　水曜日　瀬戸田

前日、神戸から瀬戸田に移動し泊まり、朝起きて、〈SOIL Setoda〉1階の〈MINATOYA〉で朝コーヒー。一泊で帰ると忙しい東京時間のままだけど、二泊だと2日目に現地の時間の流れに馴染んでくる。ここは島。ゆったり流れる。それが心地良い。それこそ、時間をかけて移動したことのご褒美。ヴァーチャルでは体験できない感覚。だけど、Wi-Fi が繋がっているから仕事はできる。自分の性質的に仕事を完全にオフにしてのんびり過ごすことはできやしない。完全にスイッチが切れて、何もしたくなくなるだろう。ゆえにゆったりしつつ繋がっているという状態が合っている。昼になり、島を歩いてみよう。天気が良く暖かい。ちょっと歩けば、中心地に着く。といっても、役所と公会堂があるだけ。その先のロードサイドにはスーパー、ホームセン

中通商店街

きつけのカフェで久方ぶりにお会いした。現在は、東京はほとんど行ってなく、大阪がメインとのこと。

「この辺りは、梅田から近いのに、ゆったりしている感じがして住みやすいんですよ。最初は、知り合いが〈京都造形芸術大学〉（現〈京都芸術大学〉）の副学長をやっていて、客員教授として招いてもらって。それと、今、住んでいるUR住宅に空きが出たということで、大阪にも住んでみようと思ったんですね」

東京のデザインを象徴する信藤さんが大阪というのが、とても興味深いところ。

「大阪に住んでみて面白いのは、東京より街が小さい分、人との距離が近いんですよね。知り合いの知り合いでどんどん紹介していって、知り合いがどんどん増えていく感じで。住んでいる住宅にも、10人くらい知り合いがいるんですよ。それと、面白いのは、渋谷系ファンが多いんですよ、むしろ東京より（笑）。DJしたら、ずっとサインしていたりして。みなさん、レコードとかCDジャケットを持ってくるんですよね。コアにカルチャーが根付いている感じがして、そこは居心地が良いところですね」

東京と沖縄の二拠点生活をされていた頃は、下北沢にオフィス、住居があったことで、同じく下北沢で、本誌編集部スペースがやっている週末だけカフェによく立ち寄っていただいていた。沖縄からカルチャーを発信すべく、精力的にトーク・ショー、ワークショップを開催しているお話をされていたことを思い出す。

「最初は、放射能から逃れるために沖縄に行ったんですけど、沖縄の知り合いの経営者から社内教育を依頼されて、センスを教える、ということを始めたんです。そこからトーク・ショー、ワークショップへと繋がっていったんですけど、コロナ禍で今は休止している感じです。そろそろお店も始まる時間でしょうから、何か食べましょうか？」

カフェを出て、信藤さんと街をぶらつく。けっこういろんなお店に行っているようで、どこに行こうか嬉しい悩み。で、立ち寄ったのは、卵焼き飯屋。これがまた、チャーハンとも一味違うまろやかさ。美味しい！　店を出ると、街にも街灯が点き始めた。また、信藤さんとお会いしに大阪に来たいと思った。ゆったりした時間の流れが心地良いこの街で。

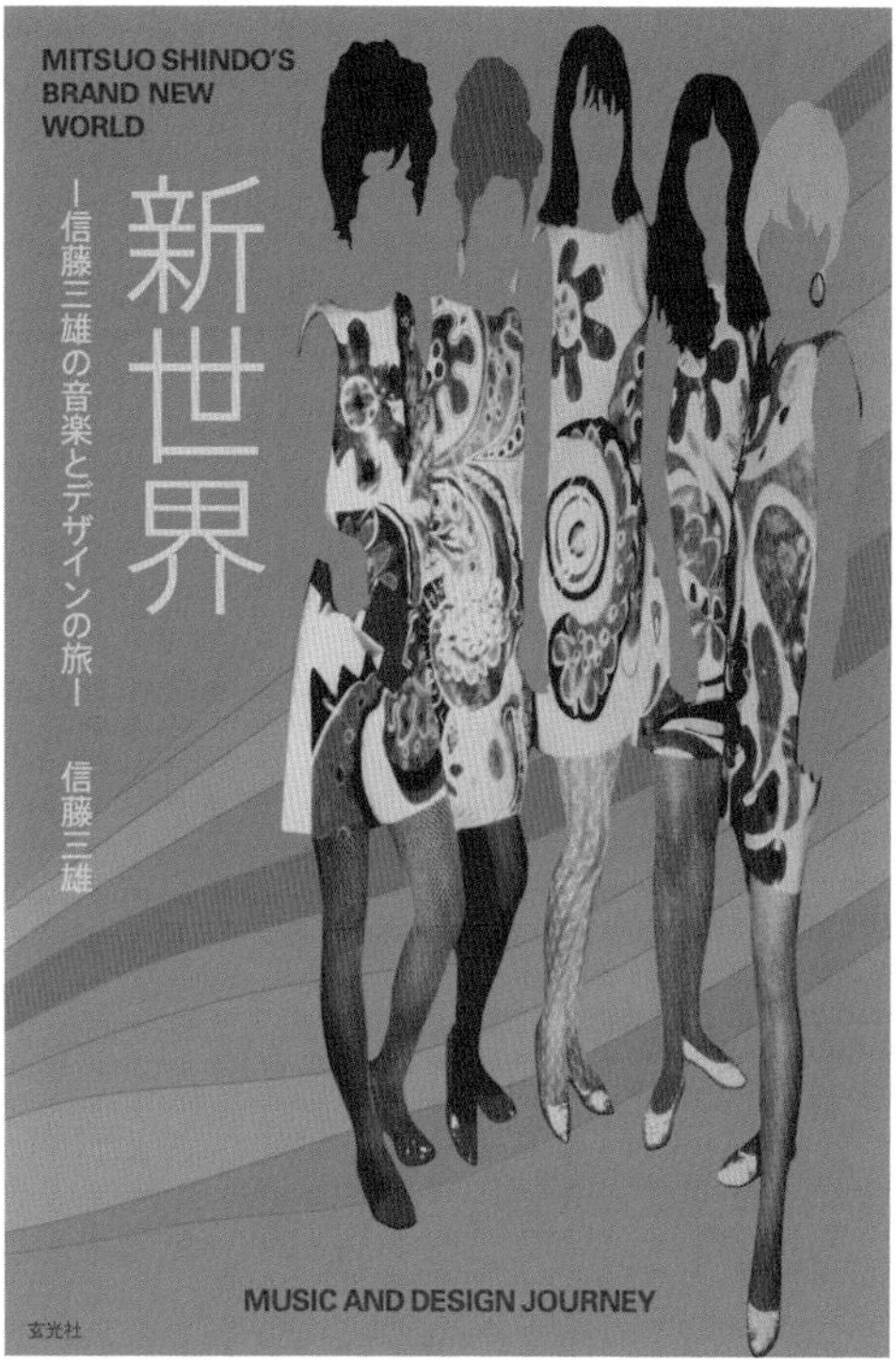

『新世界 - 信藤三雄の音楽とデザインの旅 -』信藤三雄〈玄光社〉発売中

side walk talk
Movilist

大阪 ⇆ 沖縄
信藤三雄

宇多田ヒカル、サザンオールスターズ、ピチカート・ファイヴ、松任谷由実、MISIA、Mr.Children他、誰もが一度は触れたことがあるだろう、レコード、CDジャケットのアート・ディレクションをおこなってきた、日本を代表するグラフィック・デザイナーの信藤三雄。そのクリエイティヴは多岐に渡り、映像ディレクター、フォトグラファー、書道家、演出家、空間プロデューサーとしても、才能を発揮してきた。その信藤さんが東京の他に、沖縄に拠点を構えたのが、震災後の2011年。現在では、大阪にも拠点を構えていることを、昨年刊行された語り下ろしバイオグラフィー『新世界』で知った。二拠点、多拠点、移住といった今の状況に即した新しいライフスタイルをおこなっている方を、Movilist（ムーヴィリスト）と名付け、実践されている方にお会いしたいと思い立ったこの企画の最初に、信藤さんをと連絡をしてみた。

快諾いただいて、一路、西へ。大阪は梅田から地下鉄で2駅の天神橋筋六丁目駅へ降り立った。梅田から近いのに、庶民的な商店街が並ぶ街並み。信藤さん行

⑨

⑩

⑪

⑫

ビュー40周年コンサート・ツアー『小泉今日子 TOUR 2022 KKPP (Kyoko Koizumi Pop Party)』を観るために盛岡へ。意外にも東京から新幹線で2時間という近さ。盛岡駅からすぐのホテルに。横には北上川が流れる（写真⑨）。〈岩手県民会館〉まで歩く。繁華街を過ぎたら盛岡城跡が。ライトアップされ綺麗（写真⑩）。開運橋もライトアップ（写真⑪）。ライヴが始まる。40年間のヒット曲が次から次へと歌われる。途中、恥ずかしいくらい涙が止まらない瞬間が何曲も。次、次って感じで生きてきたけれど、過去を振り返ることも良いことだと初めて分かったひとときに。翌朝、北上川辺りのカフェ〈CAFE LAube〉。コーヒー美味（写真⑫）。また、盛岡、来たい。

⑤

⑥

⑦

⑧

朝起きたら、1階に降り、朝コーヒー。併設するスペシャルティ・コーヒー・ロースター〈Overview Coffee〉焙煎所でできたコーヒーは美味（写真⑤）。自転車、キックボードの貸し出しもあるので、さぁ、島を巡ろう。レモンの産地ゆえ観光案内所にはレモンのオブジェがデンと（写真⑥）。可愛いサイズの郵便ポストもレモン色（写真⑦）。で、島を巡った後のお楽しみは、〈SOIL Setoda〉側にあるお洒落な銭湯〈yubune〉（写真⑧）。サウナもあって、ゆったりと浸かる至福。翌日、昼までカフェで和んで仕事して。名残惜しくもフェリーで島を後にする。尾道への便もあるので、尾道を楽しんで帰るのも必勝パターン。移動もステイも楽しめるムーヴィリストにぴったりです。小泉今日子デ

①

②

③

④

今回はとっておきの移動先を紹介。広島県は新幹線で三原駅に降り、5分ほどで着く三原港から小さなフェリーで25分（写真①）。降りたのは瀬戸内の生口島。港からすぐにあるのが、昨年オープンした〈SOIL Setoda〉。1階がカフェ・レストランで、2階が宿泊施設（写真②）。島なのに、このアクセスのよさにまず驚き。チェックインして見てください、部屋からの眺めを！　海が目の前。奇跡のサンセット（写真③）。1階の、朝から夜まで営業している、地元の野菜、お魚が味わえる〈MINATOYA〉は夜、サイコーの時間を過ごせるけど、ちょうどコロナまん延防止等重点措置でお休み。が、ここの楽しみは海を見ながらの部屋飲み。夜は夜でこんな素敵な感じになるのだから（写真④）。

Movilist movin' around Setoda, Morioka, Osaka in early spring

ムーヴィリスト、
初春の瀬戸田、盛岡、大阪を往く

撮影&テキスト　山崎二郎

画・早乙女道春

Movilist®

ムーヴィリスト、
初春の瀬戸田、盛岡、大阪を往く

side walk talk with Movilist
大阪⇄沖縄　信藤三雄

ムーヴィリストという
ライフスタイル

STEPPIN' OUT!®

ステッピンアウト！ JUNE 2022 VOLUME 24

EDITOR 堂前 茜 岡田麻美 松坂 愛 多田メラニー 上野綾子 賀国晟佳

PUBLISHER & EDITOR-IN-CHIEF 山崎二郎

DESIGNER 山本哲郎

PRINTING 株式会社 シナノパブリッシング プレス

STEPPIN' OUT! ステッピンアウト！ JUNE 2022 VOLUME 24

2022年4月8日第1刷発行 ISBN 978-4-344-95432-8 C0070 ¥600E

発行：株式会社ブラウンズブックス 〒155-0032 東京都世田谷区代沢 5-32-13-5F

tel.03-6805-2640, fax.03-6805-5681, e-mail mail.brownsbooks@gmail.com

Published by Brown's Books Co., Ltd. 5-32-13-5F Daizawa, Setagaya-ku, TOKYO,JAPAN. Zip 155-0032

発売：株式会社 幻冬舎 〒151-0051 東京都渋谷区千駄ヶ谷 4-9-7 tel.03-5411-6222, fax.03-5411-6233

INFORMATION

STEPPIN' OUT!　ステッピンアウト！

facebook : @steppinoutmagazine　Instagram : magazinesteppinout　twitter : @OutSteppin

PRESENT

1. 玉木 宏　（サイン入りチェキ１名様）
2. 小林聡美　（サイン入りチェキ１名様）
3. 玉山鉄二　（サイン入りチェキ１名様）
4. 江口のりこ　（サイン入りチェキ１名様）
5. 向井 理　（サイン入りチェキ１名様）

① 玉木 宏

② 小林聡美

③玉山鉄二

④ 江口のりこ

⑤向井 理

このページ左下の「プレゼント応募券」を貼り、①お名前、②ご住所、③お電話番号またはメイル・アドレス、④この号を読んだご感想、⑤上記のご希望のプレゼント番号を、郵便はがきにご記入の上、以下の住所までご応募ください。抽選でご希望のプレゼントをお送りします（発表は発送をもって代えさせていただきます）。

ご記入いただいた個人情報は、プレゼントの発送のみに利用し、外部に提供することはございません。アンケートの内容は編集参考資料とさせていただきます。

締切／ 2022 年 7 月 5 日消印有効

応募先　〒155-0032　東京都世田谷区代沢 5-32-13-5F

ステッピンアウト！ 2022 年 6 月号プレゼント係　宛

NEXT ISSUE

次号のステッピンアウト！ 2022 年 SUMMER は 2022 年 7 月発売予定です。

内容は決まり次第 SNS でアップしていきます。

STEPPIN' OUT!
JUNE 2022
プレゼント応募券

な楽しみを見つけることって、本当に大事だなということです。〈繰り返しの毎日を飾ろう〉、まさにその言葉通りで、なんでもない日を特別な日にできるようにするのって、自分の思い方次第、気持ち次第で、できることだと思います。誰かにしてもらうのではなく、自分でそれができるようになったら、とても豊かな日々になるんじゃないかなと思って。そこは常に、意識をしています。

―― 自分で自分の気持ちを上げることができたら、いいですよね。

原田 そうですね。自分で自分を上げるのが一番、強いと思います。誰がいなくてもできるのだから。だけどそれを誰かと共有できたら、それはさらに、心の栄養になるんじゃないかな。

『fruitful days』
発売中
〈ユニバーサル ミュージック〉

原田 そうですね。ちょうどこの曲を出した頃（97年）は、その前に鈴木慶一さんと一緒にやっていたので、慶一さんが（歌詞を）書いてくれていました。トーレ・ヨハンソンさんとご一緒するようになってからは、彼は日本語を書けないので、「私が書くしかない」と思ったし、慶一さんからも「やった方がいいって」と背中を押していただいて、アルバム1枚を全部自分で書くスタイルを取るようになりました。当時はそれで頑張ってきましたが、近年は、自分が書くということに、それほどこだわる必要がないのかなと思い始めて。確かに自分が書いた詞がたくさん入っているアルバムを聴くと、その時の日記のようでいろんな情景が浮かぶから、やってきて良かったとは思いますが、ここから先は、「この曲をぜひ書きたい！」と思ったら書けばいいけど、自分が書くとか書かないとかに、そんなにこだわらなくても良いところまで来たのかなっていう気がしています。人の歌詞であっても化学反応を起こす場合も往々にしてありますし。

―― 先ほどお話に出た鈴木慶一さんによる「アップデートされた走馬灯」もすごく素敵な曲で、演奏もめちゃくちゃ、味わい深かったです。

原田 この曲も伊藤ゴローさんが素晴らしいアレンジをしてくださいましたし、いろんな愛が溢れている曲で、大好きです。

―― アルバム、新鮮な気持ちを届けてくれる、本当に素晴らしい作品でした。で、1つお伺いしたいのが――身体は、動かしていないと動きが鈍くなります。同じように心も、動かしていないと錆びてしまうところがあると思いますが、こんなにフレッシュな歌を届けられる原田さんの心は錆びついていない部分がたくさんあるんだろうなって （笑）。意識されていることはありますか？

原田（笑）最近思うのは、日々の小さ

てあげたい」のカヴァーが来て、6、7曲目に「鈴懸の種」、「Like This」と続きます。楽曲を手掛けられた伊藤ゴローさんとのお付き合いはもう十数年になると思いますが、こんなに長く続けられるのはなぜだと思いますか？

原田 一緒にやっていない時はお互い別のフィールドでやっていて、そこで新しく得たものを、再会した時に持ち寄ります。ゴローさん以外にも同じメンバーがいますが、それぞれが1年越しに会うたびに、去年と違う自分でいる。信頼関係は培われてきているけど鮮度は落ちない。「同じことをやろう」という感じもゴローさんとはならないですし、かと言って、奇を衒ったことはまったくしない人だし。

―― 長い付き合いの人と馴れ合いにならないって難しいところもありますがそうならない心掛けはありますか？

原田 なんでしょう、自分とは違う人だから、その良さということですかね。自分の考えだけで「きっとこうだな」と思わないで向き合おうと思います。「去年のゴローさんはこうだったけど、もしかしたら今はこっちに行っているかもしれない」とか。私も、「去年思っていた私と変わっていますよ？」っていう（笑）。それぞれが別のところでちょっとずつ進化というか熟成されていけば、会った時に馴れ合いにはならない。相手の作るもの、表現に対して新鮮に思うから。

――「シンシア」のカヴァーも収録されていますが、アレンジは伊藤さんですよね？　前回はボサノヴァ調でした。

原田 はい。「今回はオリジナルに戻したらどうですかね。イメージを戻してやってみませんか？」と私が提案したら「いいと思う」とおっしゃって。

―― 歌詞が原田さんですが、近年は依頼されることが多いと思います。歌詞を書いていこうというモードには、最近はあまりならないのでしょうか？

するんですけど（笑）――プレッシャーが生まれる瞬間があるんです。だけどそれも、「まぁいいじゃないか」、「大丈夫」となってくる。今は割とそういう心持ちです。できないことを恥ずかしいと思わないというか。ちょっと前まではそれでいっぱいいっぱいになっちゃって、考え過ぎて、ガチガチになってしまったり。でも、「間違っても大丈夫、また次やればいい」、そういう気持ちが大事だなと思えるようになりました。その方が楽しいし、より挑戦できるし。50代になってからのこの数年で、そういう風に変わってきましたね。特に今回のことがあってより逞しくなった気がします。

―― いい人と思われなくてもいいみたいな、そんな吹っ切れ方というか。

原田 そうです。自分の気持ちを大事にしようって。「私はこうなの」ということを、あまり言ってこなかった人生というか。なんとなく状況の中で、「こう思うけど、でもこのくらいにしておいた方がいいのかな」とか、先を考え過ぎたりしていたけど、今はスパンと、「これがやってみたい」と言うようにしたら、案外と周りの人が「いいですね！」と言ってくださり、思わぬ良い展開になったりすることもあったり。「そうなんだ、もっと正直に主張していこう」と思い始めました。

―― 音楽の仕事では、色々と主張をされてきたものだと思っていました。

原田 それはもちろんそうなのですが、そういう大切な部分だけじゃない、ちょっとしたこと、小さな部分です。仕事以外の部分でも、言う時に言わないと、分かり辛い人になってしまうから。はっきり言う人、言葉通りの人の方が、付き合いやすいでしょうし。そういう私に気付いて気遣いされちゃうと、こちらもしなきゃいけなくなるので、はっきり言う人になろうと思っています。

―― 5曲目で松任谷由実さんの「守っ

と聴いていた記憶があります。今聴いてもすごく好きですね。子供の頃の情景が浮かぶくらい聴いていたので。

── 音楽との向き合い方はその時々によってやっぱり変わりますか？

原田 そうですね、あまり音楽を聴きたくないな──とか、聴きたくないというわけじゃないけど、必要がない時もあるし、すごく聴きたい時もあるし。

── このアルバムの制作時は？

原田 このアルバムは今までと違っていて、前半は夏にプリプロをやってベーシックを録って2曲ほど仕上げ、そこで中断し、連ドラの撮影をはさんで、残りを秋、冬にやりました。1つのアルバムの制作中に他の仕事をするのは初めてで。でも、すごく良い影響があったと思います。というのは、そのドラマ（『スナック キズツキ』）の役が今まであまりやったことのないタイプの、振り切っていかないと魅力的にならないような役でした。それでいて、しっかりと受けの芝居も必要というか。何もしないか、思いっきりやるか？というのを週毎にやったのですが、それを乗り越えられたことが自分の中では大きくて。「私はこれ、できないかな……」と思っていたことが、やってみたら「できるな！」と思えた。それで高揚したわけです。「怖いものが減ったぞ」って（笑）。その後、またアルバムの制作に戻ったので、歌うことにもより積極的になれましたし、非常に良い流れだったと思います。

── 年と共に怖いものが減っていくという人と、増えていくという人と。原田さんのバランスはどうですか。

原田 ある程度の年齢になって、キャリアが増えると、「あれ？　これできないんだ……」という風な（笑）、やって当たり前みたいなムードになることがお芝居の現場であって。みんな自分よりも若い人で、ちょっと失敗できないかな？という雰囲気の中で芝居をする──失敗も毎日やってくることですから。食べ物が一番分かりやすいかもしれません。

―― 本当にそう思います。2曲目の「ヴァイオレット」。すごく好きで、クセになって何度も聴いてしまうのですが、この曲の原田さんの歌い方は、ちょっとマスキュリンに聴こえました。

原田 そうですね。最近歌っていなかったタイプです。メロディに抑揚があって歌うのが難しいのですが、リズムと共にピタッと合うととても心地良くて、そこがこの曲の魅力だと思いました。裏声と地声を自由に行き交うヴォーカルに挑戦してみたかったので、楽しみながら歌えて。(自分の歌は)基本そんなに熱を帯びていないタイプですが、サウンドやメロディ、歌詞はかなり熱を帯びているので、それが私のそこまで熱くない歌と混ざった時に、ちょうど良くなるのかなと思いました。青と赤を混ぜると紫になるっていう。熱くなり過ぎても駄目だしクール過ぎてもつまらない、その辺がピタッと合わさったかなという気はしますね。

―― 3曲目「邂逅の迷路で」、4曲目「真昼のたそがれ」。過去に想いを馳せるじゃないですけど、自分の内面が照らされているように響きました。アルバム全編を通して、「永遠」、「時間」、「時計」、「振り返る声」といった言葉が出てくるのもあり、お伺いしてみたいと思ったのは、原田さんは昔、どんな未来を思い描かれていたのかな?と。歌い手としてでも、女優としてでも。

原田 そうですね。元々、女優に憧れて入ったわけではないスタートだったので、こうなりたいと思っていたことはありませんでした。東京に出るまでの小中学生の頃に好きだったのは、久保田早紀(久米小百合)さんでした。ちょっと影のある感じと少しハスキーな声、あの人の世界観がとても好きで。好きなアルバムがあって、それをずっ

「怖いものが減ったぞ」って（笑）

── 1曲目の「一番に教えたい」からすごく胸に沁み入りました。

原田 ありがとうございます。最初に、高橋（久美子）さんから歌詞が届いて、それを受けて（伊藤）ゴローさんがメロディを付けていきました。この2人にお願いするのは3作目ですが、毎回名曲が誕生するので今回も楽しみにしていました。コロナ禍になって大切な人と会えない日常が長く続いている中で、ちょっと離れている誰かやもう2度と会えない誰か、それぞれ想う方は違うと思いますが……私もこの曲は、とても胸に沁みました。歌っている時よりも完成した後の方が、より言葉が入ってきて、大事な曲になりました。

── 音楽は嘘がつけないところがあると思う中、この歌の瑞々しさや素直な気持ちの表現は、ご本人の中にも同じものがないとこんなにも伝わってこないのではと思ってしまうのですが。

原田 それは、言葉の響き、声の響きによるものなんですかね。

── 内面、気持ちの問題じゃなくて。

原田 そうかもしれません。感情を歌に込めるのは逆に難しいことで。不思議だけど、声の響きの方が大事な気がします。私は実は、あまり感情を入れないで歌う、音として捉えて歌うようにしています。でも届く人にはそうやって届くこともある。逆に、どんなに自分が思っていた一言でも、スルッと流されてしまう場合もありますしね（笑）。心地良く響いてほしいなということだけを考えて歌っています。

── そうだったんですね。〈繰り返しの今日を飾ろう〉というフレーズが素敵だなと思ったのですが、原田さんは繰り返しの毎日を飾るための工夫や何か大事にしていることはありますか？

原田 やっぱり食ですね。「今日はこれを作ってみよう」とか。料理って必ず原田知世のデビュー40周年記念となるオリジナル・アルバム『fruitful days』がリリースされた。「40周年」となると、どこか仰々しい響きがあるものだが、本作からは、何ら変わらない彼女と、見たことのない彼女がいた。新しさと懐かしさの同居、過去も未来も等しく慈しむ気持ち。それらが、川谷絵音（indigo la End、ゲスの極み乙女。、他）、THE BEATNIKS（高橋幸宏＆鈴木慶一）、高野 寛、伊藤ゴロー、辻村豪文（キセル）、高橋久美子、網守将平ら作家陣によって描かれていく。様々な陰影の、緻密な配色が施された曲を深く聴いていると、時間を忘れ、自身の内面と向き合わざるを得なくなる瞬間も訪れるが、穏やかな気持ちでいられるのは、揺らぐことのない、原田の歌声があるから。その声はいつも、新鮮な空気を纏っている。「実りある日々」を願うすべての人に優しい作品だ。

原田知世

文　堂前茜

なんでもない日を特別な日にするのって、自分の気持ち次第。誰かにしてもらうのではなく、自分でそれができるようになったら、とても豊かな日々になるんじゃないかなと思って